Arquivos e História

Arquivos e História

A cidade de Campinas e seus documentos

Philippe Arthur dos Reis
Renata Geraissati Castro de Almeida
(organizadores)

alameda

Grafia atualizada segundo o Acordo Ortográfico da Língua Portuguesa de 1990, que entrou em vigor no Brasil em 2009.

Edição: Haroldo Ceravolo Sereza e Joana Monteleone
Editora assistente: Danielly de Jesus Teles
Projeto gráfico, diagramação e capa: Airton Felix Souza
Assistente acadêmica: Tamara Santos
Revisão: Alexandra Colontini
Imagem de capa: Planta para a construção de 6 prédios na Rua de Santa Cruz. Propriedade da Empresa Construtora Fonte: AMC; 102-1895-029-000228

CIP-BRASIL. CATALOGAÇÃO NA PUBLICAÇÃO
SINDICATO NACIONAL DOS EDITORES DE LIVROS, RJ

A795

Arquivos e história : a cidade de Campinas e seus documentos / organização Philippe Arthur dos Reis, Renata Geraissati Castro de Almeida. - 1. ed. - São Paulo : Alameda, 2019.

194 p. ; 21 cm.

Inclui bibliografia
ISBN 978-85-7939-632-8

1. Campinas (SP) - História. 2. Arquivos e arquivamento (Documentos) - Campinas (SP). I. Reis, Philippe Arthur dos. II. Almeida, Renata Geraissati Castro de.

19-61130 CDD: 025
CDU: 930.25

Alameda Casa Editorial
Rua 13 de Maio, 353 – Bela Vista
CEP 01327-000 – São Paulo, SP
Tel. (11) 3012-2403
www. Alamedaeditorial.com.br

Sumário

Apresentação

O ato de projetar envolve um processo artístico e técnico com o objetivo de promover uma fruição plástica, que não está dissociada de um contexto, pois, inclusive a escolha sobre quais ambientes construir e quais serão suas funções está vinculada aos hábitos e costumes de um determinado período.

Portanto, as edificações sintetizam contextos históricos, sociais e geográficos específicos. Com relação aos partidos arquitetônicos, observamos que, se inicialmente os sobrados denotavam uma distinção de classes sociais em cidades térreas, após a introdução do concreto armado, a configuração da paisagem das cidades passou por uma significativa alteração com relação às suas alturas. A difusão dos prédios de apartamentos enfrentou resistência por parte da população, que associava este tipo de construção aos cortiços insalubres e temia as consequências que podiam advir deste tipo de moradia; outros o consideravam como boas soluções para o morar e trabalhar em cidades que aumentavam sua população progressivamente.

Os edifícios são portadores de uma narrativa, que demonstra o dinamismo na ocupação das cidades, com prédios que cumprem diversas funções sociais e econômicas como clubes, igrejas, comércios, armazéns, indústrias, escolas, centros culturais, teatros, hospitais e moradias. Tal processo denota que as edificações são uma sobreposição de técnicas, materiais, ideias e necessidades de um determinado período. Assim, estes objetos materiais, também são portadores de uma memória solidificada em suas pedras, que por vezes perduram no tempo e sobrevivem além da época das gerações que os produziram. A arquitetura influí materialmente na constituição do espaço e gera representações carregadas de um simbolismo que pode ser percebido pelos que transitam pelas cidades.

Como veremos nas páginas a seguir, as obras de arquitetura são um campo de disputa de usos, ideias e objetivos entre diferentes agentes, proprietários, promotores, arquitetos, construtores, financiadores, moradores, legisladores, gestores, críticos, divulgadores, professores e alunos. Desta forma, vemos que as edificações não são exclusivamente abrigos ou espaços projetados para determinados fins, mas são também resultados de discursos políticos, representam os interesses dos setores públicos e privados, por vezes convergentes, ou opostos. A arquitetura é repleta de significados desde sua idealização até sua ocupação.

Documentos e arquivos de arquitetura possibilitam demonstrar as ações técnicas e administrativas relacionadas com a produção da construção civil, contudo, os representantes das edificações e a materialidade das mesmas refletem a formação de identidades individuais e coletivas, bem como desempenham um papel na vida cultural das cidades, uma vez que tais conjuntos arquitetônicos ou obras singulares vão compor o espaço urbano. Em virtude de sua relevância para a memória e para subsidiar ações, os documentos de arquivos desta natureza devem ser organizados, descritos e disponibilizados para consulta, uma vez que há uma enorme demanda por sua utilização. Salvaguardar as informações resultantes da produção do espaço e promover seu acesso é tornar disponível o conhecimento sobre si que estes registros mantém em função de seu caráter autêntico com valor de prova e testemunhal.

Por meio do Edital nº 19/2018 do Programa de Ação Cultural (ProAC), da Secretaria da Cultura do Estado de São Paulo, foi iniciado o projeto Digitalização e informatização da *Série 102 – Processos de licença para obras particulares de edificações*. A série é composta por requerimentos de diferentes agentes que solicitaram à Prefeitura de Campinas a autorização para construção ou reforma de suas propriedades. Neste projeto privilegiamos o tratamento entre os anos de 1893 a 1905, sendo um rico material para os estudos de História, Arquitetura e Urbanismo e Arquivologia. O conjunto documental abrange um período de profundas transformações urbanísticas transcorridas em Campinas, entre o final do século XIX e início do XX, indicando sua relevância para a história, a memória e patrimônio da cidade. Inúmeros destes imóveis ainda permanecem na paisagem urbana, e sua documentação pode servir de subsídio para seus proprietários, além de fontes para estudos do processo de urbanização. Como desdobramento das ações do projeto foi elaborado o presente livro, que é uma coletânea de artigos que versam sobre a análise da documentação e apresentam reflexões congêneres, que podem ser utilizadas por pesquisadores e outras instituições de mesma natureza.

No prefácio de Ana Maria de Almeida Camargo podemos conceber a íntima relação entre os *Arquivos públicos e pesquisa histórica*. Os arquivos subsidiam a aproximação com o passado, contudo, sua gênese está vinculada às funções desempenhadas pelas pessoas físicas e jurídicas no desempenho de suas atividades corriqueiras. Portanto, os documentos possuem um valor de prova que extrapola seu uso apenas na pesquisa histórica. A autora, que possui uma ampla experiência relativa à arquivística, foi diretora por mais de dez anos do Arquivo Público e Histórico do Município de Rio Claro, e é consultora da Fundação Fernando Henrique Cardoso, instituição na qual desenvolveu uma metodologia de organização do acervo que se tornou referência para inúmeros outros arquivos.

No primeiro capítulo, *Gestão de documentos e o acesso à informação pública nos arquivos municipais*, Ana Célia Rodrigues demonstra como os expedientes cotidianos da administração pública geram documentos, que posteriormente, se tornam provas do exercício destas atividades. Assim é necessário que sejam objeto de uma prática arquivística que torne possível sua recuperação para diversos fins, desde sua utilização pela própria administração, até a pesquisa científica. Ao mostrar como a gestão de documentos é feita no Brasil, a autora aborda dois importantes instrumentos para o acesso à informação, a Lei Nacional de Arquivos e a Lei de Acesso à Informação.

Renato de Mattos relata em *Fontes históricas e documentos de arquivo* que o historiador constrói narrativas a partir das informações que perscruta nos vestígios do passado. Assim, os arquivos se tornam o "celeiro da história", uma vez que adquirem importância enquanto espaços que preservam estes rastros. Entretanto, o autor destaca que muitos dos princípios, que possibilitam que um documento seja considerado de arquivo, são ignorados por grande parte dos profissionais. Desta forma, ao longo do texto são apresentadas as qualidades intrínsecas a estes documentos.

Em *Espécies e tipos documentais na Série de Obras Particulares do Arquivo Municipal de Campinas (1893-1905)*, terceiro capítulo deste livro, Caroline Menegon Albino nos apresenta o estado da arte da metodologia de descrição da documentação arquitetônica em países como Portugal, e nos oferece uma conceituação das espécies e dos tipos documentais, que podemos encontrar na série de processos e licenças do município de Campinas, e quais foram os contextos que originaram a produção destes documentos.

Alessandra França Barbosa aborda as diretrizes que nortearam a digitalização do conjunto de documentos de Adolpho Gordo, financiada pelo mesmo edital do projeto ProAC. Sua reflexão em *Os desafios da conservação de documentos em projetos de digitalização de acervos* pode servir de exemplo para outros projetos que tem na digitalização uma forma de difusão. Apesar disso, a autora destaca que as demandas pelo rápido acesso a documentação não pode fazer com que sejam abandonados os tratamentos convencionais que garantem a integridade do documento original.

No quinto capítulo, *Elementos de descrição para os arquivos municipais*, Antonio Carlos Galdino destaca a importância que o processo de descrição adquire para possibilitar a recuperação e o acesso aos documentos custodiados em arquivos municipais. O autor faz um balanço teórico e metodológico de princípios e práticas arquivísticas vinculados à descrição dos documentos e demonstra quais foram as opções de tratamento selecionadas para parte do acervo do governo municipal de Campinas, a abordagem relacional que tem na série sua unidade de controle documental.

Em *A preservação do patrimônio arquitetônico e urbano e o suporte documental*, Ana Paula Farah traça a necessária relação entre patrimônio, arquitetura, memória e projeto. Ao realizar um balanço sobre a produção historiográfica relacionada à memória a autora demonstra como ela se torna suporte para a manutenção do patrimônio, e consequentemente, da consolidação de uma identidade. A memória associada aos documentos, gerados ao longo dos processos que envolvem a produção de uma obra, podem se tornar objeto da narrativa histórica.

Lindener Pareto Jr. e Rita de Cássia Francisco, no capítulo *Dois arquivos, um enredo: construtores de São Paulo, construtores de Campinas*, evidenciam sujeitos que foram obnubilados por uma historiografia da cidade que consagrou determinados arquitetos associados a uma arquitetura monumental e que se tornaram parte de um imaginário que caracteriza, ainda hoje, o patrimônio edificado de ambas cidades, mas que não representa os trabalhadores da construção civil, que projetaram a maior parte das edificações construídas neste período.

No oitavo capítulo desta coletânea, Philippe Arthur dos Reis aponta para o relevante papel desempenhado pelos setores médios no processo de urbanização da cidade de Campinas. *Entre casas, cortiços e taipas: Campinas e os embates pela modernidade* revela que os anseios de tornar Campinas uma cidade símbolo de um renascimento urbano, após o surto de febre amarela de 1889, não foi um processo que ocorreu sem tensões. O autor constata uma ambiguidade nos pareceres dos agentes públicos, que ora condenavam o uso de determinados materiais e técnicas, ora o aceitavam, além da resistência dos moradores por conta das mudanças que isso traria para sua sociabilidade e em seus modos de vida.

Em *Códigos de Obras: legislação e a política sanitária*, último capítulo do livro, Renata Geraissati Castro de Almeida apresenta inúmeras causas que ocasionaram o surgimento de políticas sanitárias na passagem do século XIX para o XX, tanto no âmbito estadual, quanto municipal. A autora demonstra como estas legislações impactaram na produção e acumulação de documentos por parte da Intendência Municipal de Campinas, e como tais marcos legais foram manejados pelos requerentes e pelo poder público ao longo do trâmite que envolve a concessão de uma licença para a construção de projetos arquitetônicos.

Esta obra revela que a arquitetura é plural e envolve inúmeros saberes e agentes na construção das cidades, que constantemente negociam interesses. Ao longo desse processo, são produzidos inúmeros documentos que se relacionam aos procedimentos que envolvem fazer com que um projeto passe do desenho à materialidade.

Renata Geraissati Castro de Almeida

Prefácio: Arquivos públicos e pesquisa histórica

Ana Maria de Almeida Camargo

Dentre os lugares-comuns constantemente lembrados pelos praticantes da pesquisa histórica figura aquele que atribui aos arquivos uma condição que os distingue dos demais centros de custódia de documentos: a de constituir espaço privilegiado para a busca de subsídios capazes de aproximar determinados objetos de estudo das hipóteses com que se pretende conhecê-los e explicá-los. Os arquivos, de fato, têm subsidiado as mais diversas abordagens do passado, a exemplo das que valorizam os momentos de ruptura, com o protagonismo acentuado de grandes líderes; das que se interessam por fenômenos regulares, de média e longa duração, preferindo acompanhar atividades rotineiras (que se expressam em séries documentais homogêneas) para delas extrair movimentos populacionais, ritmos de ocupação territorial, flutuações do mercado, crescimento urbano e inúmeros outros elementos; das que se debruçam sobre processos "invasivos" (como os da polícia e da justiça), em busca da cultura material, das mentalidades, dos grupos marginais e das infrações de todo tipo, elegendo por vezes o indivíduo como foco de sua atenção; e ainda, entre tantas mais, das que reassumem a perspectiva de uma história global, a partir de documentos de síntese e alta concentração de dados. Mas as razões por que os arquivos se identificam como lugares privilegiados, a par do que nos mostra a diversidade de seu uso pela historiografia, são bem outras.

Os arquivos não são a reunião aleatória de documentos antigos, como se poderia pensar. Como subprodutos das ações desenvolvidas por pessoas físicas e jurídicas ao longo de suas vidas, conservam os documentos que lhes serviram de meio para o desempenho de inúmeras funções. A definição vale para os arquivos públicos, isto é, para aqueles que preservam documentos gerados por organismos governamentais de diferentes poderes e esferas de jurisdição. Se tais arquivos são importantes e têm prioridade nas políticas de preservação do patrimônio documental de um país – seus contornos, afinal, são coincidentes com os do próprio Estado, o que lhes confere forte poder de representação –, são também, em razão de seu largo espectro de abrangência, fonte inesgotável de informações para os historiadores desejosos de compreender a realidade social em seus múltiplos aspectos. É que os documentos acumulados nos arquivos públicos correspondem às atividades desenvolvidas pelos organismos governamentais em sua ampla e complexa relação com as demandas sociais de serviços.

Qualquer que seja a área de interesse do historiador, pesquisar nos arquivos públicos supõe conhecer os mecanismos de funcionamento das entidades produtoras de documentos: seus fundamentos jurídicos, os objetivos que perseguem, os procedimentos adotados, as espécies que viabilizam suas ações e, de quebra, as variações que lhes são impostas pela passagem do tempo. É preciso ter em mente ainda uma sutileza que costuma escapar ao horizonte de preocupações do historiador: os documentos de arquivo não constituem um discurso *sobre* as atividades desempenhadas pela instituição que os acumula; eles são a própria corporificação dessas atividades, mantendo com elas uma forte relação de equivalência. Desse elo depende o principal atributo dos documentos de arquivo, que é a autenticidade, definida pelos teóricos da área como a qualidade que permite associá-los ao contexto originário de proveniência. Vale lembrar que tal atributo resume, de modo singular, o efeito probatório típico dos documentos de arquivo; afinal, eles constituem a prova cabal da atividade que representam.

Não é demais enfatizar que, na condição de subprodutos das atividades desenvolvidas pelos diferentes organismos governamentais, os arquivos públicos funcionam como verdadeiros cartórios do Estado. Nenhum dos documentos neles conservados foi produzido para servir de fonte para a pesquisa histórica, e sim para viabilizar e comprovar as atividades realizadas pelas repartições encarregadas de cada serviço público. Nessa medida é que a organização desses documentos deve obedecer à lógica da produção, mantendo-os de acordo com sua funcionalidade original. Qualquer outro arranjo que pretendesse atender aos eventuais temas de interesse dos pesquisadores comprometeria a qualidade especular inata dos documentos de arquivo. Fica reforçada, com esse argumento, a necessidade de conhecer o sistema de funcionamento das instituições como condição de uso de seus arquivos.

Como o efeito probatório dos documentos de arquivo – alheios que são ao modo como as pessoas poderão interpretá-los – incide, única e exclusivamente, sobre as atividades que lhes deram origem, é preciso apartá-lo do gesto pelo qual o historiador, ele também, fabrica suas próprias provas. Trata-se agora de uma operação de desdobramento do material empírico oferecido pelos documentos de arquivo, submetendo-os a outros recortes, convertendo-os em outras provas – nas provas que o historiador estabelece em razão de suas hipóteses. Trata-se também de ver a propriedade reflexiva que os documentos de arquivo têm em relação ao contexto que os produziu como uma espécie de balizamento estratégico para o historiador, impedindo-o de alçar voos descontrolados no exercício sempre refinado de análise das fontes. Traduzindo em miúdos: o contexto dos documentos serve de enquadramento e freio para a interpretação de seu conteúdo.

A publicação de trabalhos que envolvem a exploração dos arquivos públicos é sempre oportunidade para reflexões de natureza metodológica. Que estas sirvam de estímulo para iniciativas similares e possam ser devidamente aprofundadas.

Gestão de documentos e o acesso à informação pública nos arquivos municipais

Ana Célia Rodrigues

> Nos arquivos municipais é onde se apalpa a plenitude do conceito de arquivo como memória viva do passado, como memória útil à comunidade em geral e como memória integrada à gestão cotidiana do tempo presente.[1]

Os arquivos das municipalidades nasceram com a administração diária de direitos e obrigações; para sua constituição, prova ou comunicação, os documentos que resultam do exercício destas atividades são o espelho fiel de sua atuação.

Um governo municipal para realizar suas ações legislativa e executiva necessita "de toda uma documentação perfeitamente organizada para atender as fases de planejamento, decisão, execução, verificação de resultados etc. A viabilidade de um processo administrativo correto depende diretamente da boa organização arquivística", destaca Heloisa Bellotto.[2]

Os documentos gerados no contexto político-administrativo dos municípios são produto material da ação desenvolvida

1 ROMERO TALLAFIGO, Manuel. El patrimonio documental de los municipios andaluces: situación y problemas. In: *Actas de las 1 Jornadas sobre Gestión del Patrimonio Documental – Archivos Municipales.* Córdoba (España): Diputación de Córdoba, 2000.

2 BELLOTTO, Heloisa Liberalli. *Arquivos para a gestão e para a memória municipais.* Palestra proferida no VIII Seminário Regional de Museus, Arquivos e Bibliotecas da Baixada Santista e Vale do Ribeira. Santos, Fundação Arquivo e Memória de Santos, 2013.

no processo administrativo e devem estar integrados desde o momento de sua produção, de seu uso administrativo até seu uso pela pesquisa científica. A prática arquivística para tratar tecnicamente os documentos deve ser reveladora das atividades desenvolvidas pela administração municipal, permitindo assim uma interpretação que recupere e valorize os elementos registrados do viver cotidiano dos governos em sua relação com os cidadãos.

A política de gestão de documentos e arquivos deve estabelecer critérios comuns e os instrumentos técnicos necessários para garantir a autenticidade, a integridade, a preservação e a disponibilidade dos documentos de arquivos produzidos e recebidos pelos municípios na atividade rotineira da administração pública, possibilitando assim a necessária rapidez na localização de documentos e informações.

A identificação de tipologia documental como metodologia para o tratamento de documentos públicos municipais permite a sistematização de informações básicas sobre os governos locais, servindo de referencial para os trabalhos de gestão de documentos e de elaboração de instrumentos de orientação aos pesquisadores interessados nestas fontes de pesquisa.

Os arquivos nos municípios

O município é um espaço onde se desenvolvem costumes e hábitos de vida determinados por uma série de fatores históricos, geográficos, étnicos, religiosos, entre outros, que se configura pela atração que exerce sobre um determinado número de famílias, que por motivos comuns se agrupam ao redor deste centro, constituindo-se assim em seu organismo de representação. É o órgão do governo local que tem natureza política-administrativa, pois é uma pessoa jurídica de direito público, que é parte componente da organização do estado e corresponde ao nível descentralizado e autônomo, localizado no grau básico do organograma estatal. É formado pela Prefeitura Municipal (órgão executivo) e pela Câmara Municipal (órgão legislativo), sendo considerado um terceiro ente federativo. Tem a ele conferido uma ampla gama de funções e responsabilidades em sua área de jurisdição, que determina igualmente um conjunto amplo de atividades no espaço físico da comunidade que lhe corresponde, incluindo planejamento urbano e a execução de obras de infraestrutura básica, responsabilidades no campo da saúde, da educação pública, da conservação do meio ambiente, entre outras, que em seu conjunto assumem forma, estruturadas em unidades administrativas que caracterizam a municipalidade.[3]

Por meio da Constituição de 1988, o município brasileiro teve a sua autonomia ampliada sob os aspectos político, administrativo e financeiro, uma prerrogativa política conferida pelo direito público nos limites da Constituição, que lhes permitem organizar seu governo e prover sua administração. As transformações administrativas que ocorrem nas municipalidades, instituições cuja criação remonta há vários séculos, são determinadas por fatores históricos, econômicos ou políticos, e alteram os quadros municipais. Muitas atribuições são transferidas de um a outro órgão, novas competências podem exigir a criação ou supressão de outros. A complexidade dos problemas administrativos está refletida na legislação que dispõe sobre a composição e o funcionamento interno da municipalidade.

Estes traços gerais de autonomia na organização dos serviços locais se traduzem na variedade de funções e atividades

3 MEIRELLES, Hely Lopes. *Direito administrativo brasileiro*. São Paulo: Malheiros, 1996.

que ficam evidentes no registro da informação que circula como produto da gestão administrativa: o documento de arquivo.

> Qualquer que seja o tamanho do município existe uma estreita correspondência entre as demandas sociais de serviços e as instituições do poder público, criadas para satisfazê-las. A circulação de documentos e sua acumulação nos arquivos são uma consequência natural deste processo, uma espécie de produto necessário ao funcionamento de cada órgão: ao mesmo tempo em que constituem instrumentos ou veículos da ação do governo municipal, os documentos são testemunhos das relações estabelecidas com a comunidade ao qual serve, isto justifica o interesse que continuam mantendo para as próprias instituições e para os munícipes.[4]

Nesta perspectiva, o arquivo municipal é o órgão responsável pelo conjunto de documentos produzidos, recebidos e acumulados por órgãos públicos municipais no exercício de suas atividades, ou seja, pelos poderes Executivo e Legislativo, a Prefeitura e Câmara Municipal. Segundo o Conselho Nacional de Arquivos (Conarq), o arquivo público municipal tem por finalidade,

> (...) formular e implementar a política municipal de arquivos, por meio da gestão, tratamento técnico, transferência, recolhimento, preservação e divulgação dos documentos arquivísticos, em qualquer suporte ou formato, garantindo, desta forma, pleno acesso à informação com vistas a subsidiar as decisões governamentais de caráter político administrativo, apoiar o cidadão na defesa de

4 CAMARGO, Ana Maria de Almeida; MACHADO, Helena Corrêa. *Como implantar arquivos municipais*. São Paulo: Arquivo do Estado, 2000, p. 17.

seus direitos, além de fomentar o desenvolvimento científico e divulgar o patrimônio documental.[5]

O acesso a documentos e informações preservadas nos arquivos municipais é um direito fundamental para o exercício da cidadania, que estreita os laços entre governo e comunidade. O Conarq, em campanha realizada para a criação de arquivos municipais no Brasil, afirma que é "imperativo que o município conte com um programa de gestão documental adequado", pois

> (...) sem uma política eficiente de arquivos e gestão de documentos e informações é muito pouco provável que haja uma política eficiente de acesso às informações públicas. Não se consegue oferecer ao cidadão uma informação que não se sabe onde está, pois, esta não foi efetivamente tratada, processada, controlada e preservada, ou pior, a informação que não se tem, pois esta foi eliminada sem critério.[6]

Portanto, falar de arquivos é falar de documentos, organização e eficiência nos serviços, resultado de uma política de gestão de documentos e de arquivos voltada para o acesso à informação como dever da administração pública e como direito do cidadão.

Gestão de documentos e arquivos: uma integração necessária

O termo gestão de documentos, tradução literal do inglês *records management,* surge nos EUA após a Segunda Guerra Mundial devido à necessidade de racionalizar e controlar o vo-

5 CONSELHO NACIONAL DE ARQUIVOS - CONARQ (Brasil). *Criação e Desenvolvimento de Arquivos Públicos Municipais: transparência e acesso à informação para o exercício da cidadania.* Rio de Janeiro: Arquivo Nacional, 2014, p. 20.

6 *Ibidem*, p. 55.

lume de grandes massas documentais acumuladas em depósitos de arquivos. Neste período, a administração pública federal dos EUA experimentava um ritmo forte de crescimento,

> (...) com um volume crescente de atividades que precisavam ser documentadas, ao mesmo tempo em que se aperfeiçoavam os meios de produção e reprodução de documentos. (...) Tudo isso tornou crucial a organização dos documentos, mas não apenas em sua concepção clássica e vinculada à custódia, mas para a etapa em que são necessários para a atividade das organizações, para tê-los disponíveis para a tomada de decisões.[7]

Neste contexto, é formulado um modelo sistêmico de organização de arquivos, onde o documento passa a ser controlado desde o momento de sua produção até a sua destinação final: eliminação criteriosa ou guarda permanente, "para garantir eficiência e economia na sua criação, uso, manuseio, controle, manutenção e disposição",[8] denominado gestão de documentos (*record management*). Metodologicamente é considerado o mais representativo ciclo de vida dos documentos,[9] sua base conceitual.

Joaquim Llansó Sanjuan destaca os aspectos nucleares que caracterizam o modelo *records management*, onde a "gestão de

---

7 CRUZ MUNDET, José Ramón. Principios, términos y conceptos fundamentales. In:______ (org.) *Administración de documentos y archivos. Textos fundamentales*. Madrid, Espanha: Coordinadora de Asociaciones de Archivos, 2011, p. 21, tradução nossa.

8 PEARCE-MOSES, Richard. *A Glossary of Archival and Records Terminology*. Chicago: The Society of American Archivists, 2005. (Archival fundamentals series, II). Disponível em: https://www2.archivists.org/glossary/terms/r/records-management. Acesso em: 22 jul. 2019, p, 334, tradução nossa.

9 CAMARGO, Ana Maria de Almeida; BELLOTTO, Heloísa Liberalli (org.). *Dicionário de terminologia arquivística*. São Paulo: Associação dos Arquivistas Brasileiros / Núcleo Regional de São Paulo: Secretaria de Estado da Cultura, 1996, p. 15.

documentos permanentes é como resultado, não o objetivo, pois o foco é o tratamento de documentos em suas primeiras fases de vida" situando, assim, a "avaliação documental e a classificação no coração do sistema arquivístico", o qual "tende a se materializar em modelos nacionais, definidos pela aplicação das leis que refletem as diferentes tradições administrativas".[10]

O modelo norte americano foi referência internacional, até o surgimento do *records continuum* australiano. Foi divulgado pelo Conselho Internacional de Arquivos (CIA) através das publicações dos comitês técnicos, influenciando a construção de modelos próprios nos países[11] que o implementaram, âmbito em que se insere também o modelo de gestão de documentos do Brasil.

O estudo RAMP (CIA), de James Rhoads,[12] estabelece as fases da gestão de documentos: produção, utilização e conservação e destinação (eliminação), e Doyle e Frenière[13] os elementos essenciais para sua implantação: plano de classificação, tabela de temporalidade (calendário de conservação), gestão do arquivo intermediário, transferência e seleção de documentos a serem preservados, eliminação de documentos sem valor histórico

10 LLANSÓ SANJUAN, Joaquim. Concepto y modelos de programas de gestión de documentos. Palestra proferida no I Seminário de Estudos Arquivísticos - *A Gestão Documental no Contexto da Administração Pública Estadual no Brasil.* Rio de Janeiro: Arquivo Público do Estado do Rio de Janeiro, 2010.

11 Outros modelos se desenvolveram a partir do *record manegement,* como resultado das adaptações as tradições arquivísticas dos países, entre os quais merecem referencia o da Inglaterra: *registry,* Italia: *archivio moderno;* Alemanha: *registratur* e França: *préarchivage LLANSÓ i SANJUAN. Op. Cit.*.

12 RHOADS, James B. *La función de la gestión de documentos y archivos en los sistemas nacionales de información: estudio del RAMP*. Edición revisada. Paris: Unesco, 1989.

13 DOYLE, Murielle & FRÉNIÈRE, André. *La preparación de manuales de gestión de documentos para las administraciones públicas: un estudio del RAMP*. Paris: UNESCO, 1991.

(permanente) e normas relativas à reciclagem de papel e método de destruição de documentos confidenciais.

O *records continuum* (conceito de continuidade dos documentos) é um modelo de gestão de documentos desenvolvido na Austrália, criado por F. Upward, entre 1996 e 1997,[14] para atender as necessidades de gestão de documentos produzidos eletronicamente.

Este modelo australiano é centrado nos propósitos da administração e o documento é visto como "prova" desde as tarefas iniciais de análises.

> É um modelo inclusivo que estabelece um parâmetro para integrar a gestão de documentos e a arquivistica, porque vai além das dicotomias e dos dualismos dos modelos baseados no ciclo de vida. A oposição, que ocorre nestes, entre o documento como prova e o documento como memória, simplesmente desaparece.[15]

O *records continuum* conecta conceitos e metodologias, "como gestão de tecnologia da informação, engenharia de processos, análise funcional, gestão do patrimônio cultural, controle de qualidade, auditoria", situando a gestão de documentos como "elemento significativo da gestão da informação". Estas novas ideias de gestão de documentos buscam a integração com os processos de gestão das organizações, conexão com os sistemas de gestão de qualidade e de segurança da informação e o

---

14 UPWARD, Frank. Structuring the Records Continuum - Part One: Postcustodial Principles and Properties. In: *Archives and Manuscripts*, 24, 2, 1996, p. 268-285; Structuring the Records Continuum, Part Two: Structuration Theory and Recordkeeping. In: *Archives and Manuscripts*, 25, 1, 1997, p. 10-35.

15 CRUZ MUNDET. *Op. Cit.*, p. 23.

alinhamento com a gestão da informação e do conhecimento, salienta Llansó Sanjuan.[16]

Este modelo australiano de gestão de documentos, o *record continuum*, influencia a ISO 15489/2000,[17] primeira norma desenvolvida para a gestão integral dos sistemas de arquivo, dos arquivos e dos documentos de arquivo.

A ISO 15489/2000 é uma norma aplicável a todo tipo de documento (tradicional ou digital), independente do seu suporte material (papel ou eletrônico), produzidos por entidades públicas ou privadas, que define a gestão de documentos como o "campo da gestão responsável pelo controle eficiente e responsável da criação, recepção, manutenção, uso e destinação dos documentos, incluindo processos para a captura e manutenção de provas (*evidence*) e informações sobre as atividades de gestão e operações (procedimentos) sob a forma de documentos".[18]

Estes fundamentos teóricos e normativos da gestão de documentos são observados nos instrumentos legais e normativos que estabelecem as diretrizes para as políticas de gestão de documentos e de arquivos do Brasil, contexto em que se inserem também os municípios.

Gestão de documentos é definida pelo *Dicionário de Terminologia Arquivística* da Associação de Arquivistas de São Paulo como um "conjunto de medidas e rotinas que tem por objetivo a racionalização e eficiência na produção, tramitação, classificação, avaliação, arquivamento, acesso e uso das informações re-

---

16 LLANSÓ SANJUAN, *Op. Cit.*.

17 A Norma ISO 15489, Parte 1 e 2, foi criada pela International Organization for Standardization (ISO) no Canadá, em 2000, elaborada a partir da norma Australiana AS 4390 (*record management*) sobre gestão de documentos.

18 LLANSÓ SANJUAN, *Op. Cit.*.

gistradas em documentos de arquivo".[19] O *Dicionário Brasileiro de Terminologia Arquivística* conceitua como "conjunto de procedimentos e operações técnicas referentes à produção, tramitação, uso, avaliação e arquivamento de documentos em fase corrente e intermediária, visando sua eliminação ou recolhimento. Também chamado administração de documentos".[20]

Os objetivos da gestão de documentos são a avaliação e seleção dos conjuntos de documentos que devem ser preservados permanentemente e dos que podem ser eliminados sem prejuízo de perda de informações substanciais; coordenação do sistema de arquivos do órgão, definindo procedimentos para o funcionamento dos arquivos que o integram, garantindo as transferências, recolhimentos e pleno acesso aos documentos e informações e a colaboração participativa nos aspectos que envolvem a produção documental do órgão.

O Programa de Gestão de Documentos (PGD) é formado pela política institucional, pelos recursos humanos, materiais e financeiros. O programa tem como elementos a identificação, a classificação, a avaliação, a descrição, a gestão de documentos digitais e a formação de recursos humanos. Cada elemento gera um programa específico, que tem como resultado os instrumentos de intervenção na realidade: sistemas de identificação de tipologia documental e de protocolos, plano de classificação, tabela de temporalidade de documentos, instrumentos de pesquisa, cursos de treinamentos, entre outros elementos que possam ser considerados para sua implementação. As diretrizes e os resultados do PGD ficam registrados no manual de gestão

19 CAMARGO; BELLOTTO. *Op. Cit.*, p. 41.

20 DICIONÁRIO *Brasileiro de Terminologia Arquivística* (Brasil). Rio de Janeiro: Arquivo Nacional, 2005, p. 100.

de documentos, instrumento normativo que reúne um conjunto sistemático de informações, métodos, processos e técnicas operacionais, a serem cumpridas por todos os envolvidos com a aplicação cotidiana do PGD. Descrevem procedimentos, estabelecendo as formas de execução, o fluxo racional a ser obedecido e os modelos a serem utilizados na consecução das rotinas detalhadas. Facilitam a resolução dos problemas técnicos repetitivos, permitindo ao usuário executar integralmente as tarefas, ações ou atividades que lhe forem atribuídas, com um mínimo de recursos, sejam humanos, materiais, financeiros ou informativos.

A Constituição do Brasil de 1988 expressa que é de competência comum da União, dos Estados, do Distrito Federal e dos Municípios, "proteger os documentos, as obras e outros bens de valor histórico, artístico e cultural, os monumentos, as paisagens naturais notáveis e os sítios arqueológicos" (art. 23, inc. III) e que "cabe à administração pública, na forma da lei, a gestão da documentação governamental e as providências para franquear sua consulta a quantos dela necessitem" (art. 216, § 2º).

Com base nestes princípios constitucionais foi aprovada a Lei nº 8. 159, de 08 de janeiro de 1991, que dispõe sobre a política nacional de arquivos públicos e privados, conhecida como Lei Nacional de Arquivos, e a Lei nº 12.527, de 18 de novembro de 2011, que regula o acesso às informações no âmbito da administração pública brasileira, vigente desde 16 de maio de 2012, conhecida como Lei de Acesso à Informação (LAI). Ambos dispositivos abordam a gestão de documentos e o tratamento da informação para a garantia do acesso.

A Lei Nacional de Arquivos é eminentemente conceitual, evidencia os princípios federalistas e de autonomia que definem os arquivos brasileiros, estabelecendo a rede de arquivos existentes nos níveis de governo, fazendo referência à gestão e ao acesso aos documentos. A gestão de documentos é conceituada na lei como um "conjunto de procedimentos e operações técnicas referentes à sua produção, tramitação, uso, avaliação e arquivamento em fase corrente e intermediária, visando a sua eliminação ou recolhimento para guarda permanente" (art. 3º). O art. 21 estabelece que "legislação estadual, do Distrito Federal e municipal definirá os critérios de organização e vinculação dos arquivos, assim como a gestão e o acesso aos documentos observado o disposto na Constituição e nesta lei".

A LAI, como ficou conhecida a Lei de Acesso à Informação, define que cabem aos órgãos e entidades do poder público assegurar a "gestão transparente da informação, propiciando amplo acesso a ela e sua divulgação" e a "proteção da informação, garantindo-se sua disponibilidade, autenticidade e integridade" (art. 6, I e II). Conceitua o tratamento da informação, como um "conjunto de ações referentes à produção, recepção, classificação, utilização, acesso, reprodução, transporte, transmissão, distribuição, arquivamento, armazenamento, eliminação, avaliação, destinação ou controle da informação" (art. 4º, V), definição que aborda os processos da gestão de documentos, sem explicitá-lo conceitualmente. Informações públicas, segundo a Lei de Acesso à Informação, "são dados, processados ou não, que podem ser utilizados para produção e transmissão de conhecimento, registrados em qualquer suporte ou formato" (art. 4°, I).

A LAI tem como princípio basilar o direito amplo à informação, o qual reconhece que documentos e informações produzidos e conservados pelo Estado brasileiro constituem bem público e, como tal, devem ser preservados e ter seu acesso garantido à sociedade. O atendimento aos dispositivos da LAI depende da "recuperação e acesso aos documentos públicos, uma vez que, neles, são registradas as informações produzidas, recebidas e acumuladas pelos órgãos, entidades da administração pública no exercício de suas funções e atividades", enfatizam Garcia e Rodrigues.[21]

Recentemente, a Associação Brasileira de Normas Técnicas (ABNT) traduziu a ISO 15489/2000, publicando NBR ISO 15489/2018,[22] norma para gestão de documentos de arquivo que apresenta definições para as abordagens de produção, captura e gestão de documentos de arquivo, considerando os processos de "classificação e indexação; controle de acesso; armazenamento de documentos de arquivo; uso e reuso (acessibilidade contínua); migração ou conversão; e destinação".[23]

Na Lei Nacional de Arquivos e na LAI, verifica-se a influência do modelo norte-americano de *records management* para estabelecer as diretrizes da gestão de documentos no país, acolhido no escopo do conceito e dos processos indicados, debate que encontrará novas dimensões após a publicação da NBR ISO 15489/2018, que se fundamenta nos princípios do *records conti-*

---

21 GARCIA, Nádia Dévaki Pena; RODRIGUES, Ana Célia. Os arquivos nos municípios da Região Metropolitana do Rio de Janeiro: estudo de identificação das políticas públicas arquivísticas para o acesso à informação. In: _______ *et al.*. (orgs). *Arquivos fluminenses no contexto ibero-americano* [recurso eletrônico]. Rio de Janeiro: L. E. T. Leite/Grupo de Pesquisa Gênese Documental Arquivística UFF/CNPq, 2019, p. 243-244.

22 ABNT NBR ISO 15489-1: 2018 - Informação e documentação - Gestão de documentos de arquivo - *Parte 1: Conceitos e princípios*. Disponível em: http://www. Abnt.org.br/noticias/5953-informacao-e-documentacao-gestao-de-documentos-de-arquivo-parte-1. Acesso em: 08 jul. 2019.

23 SOUSA, Renato Tarciso Barbosa de. Tudo que não é sólido não se sustenta no ar: o papel da gestão de documentos na era do acesso à informação. In: RODRIGUES, Ana Célia *et al.* (orgs). *Arquivos fluminenses no contexto ibero-americano* [recurso eletrônico]. Rio de Janeiro: L E. T. Leite/Grupo de Pesquisa Gênese Documental Arquivística UFF/CNPq, 2019, p. 23.

nuum australiano, o que o torna emergente no âmbito profissional e da agenda de pesquisa brasileira.

Estas novas questões que se apresentam para a área têm levado os pesquisadores e os profissionais de arquivo a refletirem sobre o estatuto do documento de arquivo (seja tradicional ou digital) e a escolha do método que possibilite sua correta identificação nos programas de gestão de documentos e nos arquivos, garantindo o pleno acesso às informações de seu conteúdo, perspectiva da tipologia documental como base da identificação arquivística.

Identificação de tipologia documental: uma proposta metodológica

Arquivo, por definição, é o "conjunto de documentos que independente de sua natureza ou suporte físico são reunidos por acumulação natural, por pessoas físicas ou jurídicas, públicas ou privadas, no exercício de suas atividades".[24] Nessa definição se verifica uma característica essencial dos documentos de arquivo, sua natureza probatória, pois conservam registros de ações e de fatos como prova da gestão que os produziram, dos quais são produtos naturais.

A capacidade de provar o fato que lhe dá origem é resultado da especial relação que o documento mantém com o órgão que o produz, o vínculo que se revela no conteúdo pela atividade registrada, que constitui o núcleo de sua identidade.

> Nas comunidades em que a cultura escrita se impôs como prática social indispensável, os documentos de arquivo

24 CAMARGO, Ana Maria de Almeida; BELLOTTO, Heloísa Liberalli (org.). *Dicionário de terminologia arquivística.* São Paulo (Brasil): Associação dos Arquivistas Brasileiros / Núcleo Regional de São Paulo: Secretaria de Estado da Cultura, 1996, p. 5.

> nada mais são que meios para viabilizar determinadas ações e para que, uma vez realizadas, tais ações possam ser evocadas (...) são mecanismos que, quando acionados, possibilitam a continuidade de práticas rotineiras, garantem direitos, permitem a tomada de decisões e fornecem provas de ações pregressas (...).[25]

Os documentos públicos são peças que estão integradas num todo, orgânico e estruturado, que lhes confere sentido de existir, ou seja, como prova da razão de ser e do desenvolvimento da própria administração. Significa dizer que o documento só preserva seu valor quando está integrado num conjunto próprio, que reflete o contexto de sua produção, que expressa o valor probatório sobre o funcionamento do governo, do exercício dos direitos e deveres do cidadão e o valor informativo que será de interesse para o pesquisador.

À pesquisa científica interessa verificar as relações orgânicas existentes entre as informações que constam do conteúdo das séries documentais, integrada por peças de documentos que registram o exercício da mesma ação ao longo do tempo, o que amplia a possibilidade de leitura crítica do período analisado. Este conjunto orgânico de documentos é o reflexo do contexto no qual foi produzido, revelando a amplitude das relações entre o governo e a comunidade que integram o conteúdo das séries.

É na análise das características dos documentos de arquivo, na identificação da sua natureza intrínseca de prova docu-

---

25 CAMARGO, Ana Maria. A dimensão instrumental dos arquivos. In: RODRIGUES, Ana Célia *et al.* (orgs). *Arquivos fluminenses no contexto ibero-americano* [recurso eletrônico]. Rio de Janeiro: L E. T. Leite/Grupo de Pesquisa Gênese Documental Arquivística UFF/CNPq, 2019, *p.* 11-13. Disponível em: http://www.rj.gov.br/LivroArquivosFluminensesnoContextoIberoamericano.pdf. Acesso em: 09 jul. 2019, p. 11.

mental, que reside a justificativa de sua utilização, servindo aos propósitos administrativos ou da pesquisa. O tipo documental,[26] denominação dada ao documento de arquivo que define e denomina a série documental[27] sintetiza esta perspectiva. E foi na Diplomática, em sua abordagem clássica e contemporânea, a tipologia documental, que a arquivística encontrou os fundamentos para reconhecer e tratar os documentos de arquivo no momento da identificação arquivística.

A identificação arquivística é uma pesquisa que se desenvolve sobre a gênese do documento de arquivo para definir requisitos normalizados de classificação, avaliação, descrição e planejamento da criação/produção de documentos, digitais ou tradicionais. Estudos desenvolvidos anteriormente[28] revelam a pertinência da utilização destes parâmetros teóricos e metodo-

---

26 Tipo documental é a "configuração que assume a espécie documental de acordo com a atividade que ela representa" e espécie documental é "configuração que assume um documento de acordo com a disposição e natureza das informações nele contidas," CAMARGO; BELLOTTO, *Op. Cit.*, 1996.

27 Série documental é a "sequencia de unidades do mesmo tipo documental," CAMARGO; BELLOTTO, *Op. Cit.*, 1996.

28 Ver: RODRIGUES, Ana Célia. Tipologia documental como parâmetro de classificação e avaliação em arquivos municipais. *Cadernos de Estudos Municipais.* Universidade do Minho (Portugal): v.17/18, n° jun a dez, 2005. RODRIGUES, Ana Célia. *Diplomática contemporânea como fundamento metodológico da identificação de tipologia documental em arquivos.* São Paulo: Universidade de São Paulo, 2008. Tese (Doutorado em História Social). Faculdade de Filosofia, Letras e Ciências Humanas, Universidade de São Paulo, São Paulo, SP. Disponível em: www.teses.usp.br/teses/.../8/.../TESE_ANA_CELIA_RODRIGUES.pdf. Acesso em: 26 set. 2014. RODRIGUES, Ana Célia. *Identificação como requisito metodológico para a gestão de documentos e acesso a informações na administração pública brasileira.* Ci. Inf., Brasília, DF, vol. 41 n° 1, *p.* 64-80 jan./abr., 2013. Disponível em: http://revista.ibict.br/ciinf/index.php/ciinf/issue/view/121. Acesso em: 25 mar. 2015

lógicos para gerar requisitos de gestão de documentos, de arquivos e de acesso à informação.

O conceito de identificação foi formulado na Espanha nos anos 80 do século passado, publicado *no Diccionario de Terminologia Archivistica*, como a "fase do tratamento arquivístico que consiste na investigação e sistematização das categorias administrativas e arquivísticas em que se sustenta a estrutura de um fundo".[29] No Brasil, o *Dicionário Brasileiro de Terminologia Arquivística*, define identificação como "processo de reconhecimento, sistematização e registro de informações sobre arquivos, com vistas ao seu controle físico e/ou intelectual",[30] indicando sua aplicação também para elaborar diagnóstico de arquivos.[31]

A identificação tem como objetos o órgão produtor (contexto de produção) e os seus documentos (tipologia documental), pesquisa que se desenvolve a partir de fontes de informações especificas para a identificação do órgão produtor (estudo das atribuições representadas pelas competências, funções, atividades e tarefas) com a base teórica do Direito e da Administração em sua relação com a Arquivística e a identificação do tipo para delimitação da série documental (estudo dos caracteres internos e externos dos documentos) a partir do diálogo teórico entre a Diplomática e a Arquivística.

Esta pesquisa pode ser desenvolvida durante todas as fases do ciclo de vida dos documentos, no momento de sua produção, para efeito de implantação de programas de gestão de documentos (tradicionais ou digitais) ou no momento de sua

29 *DICCIONARIO de Terminologia Archivística*. Madrid: Dirección de Archivos Estatales / Ministerio de Cultura, 1993, p. 37.

30 *DICIONÁRIO Brasileiro de Terminologia Arquivística* (Brasil). *Op. Cit.*, p. 104.

31 RODRIGUES, *Op. Cit.*.

acumulação, para tratar documentos acumulados nos arquivos. Como produto, são elaborados planos de classificação e tabela de temporalidade de documentos, com a classificação de acesso para os Programas de Gestão de Documentos[32] e instrumentos de pesquisa para os arquivos, fundamentados nos estudos de identificação arquivística.

Neste sentido, é fundamental dotar a administração pública municipal de instrumentos de gestão de documentos e de pesquisa, que permitam o acesso às informações contidas nos documentos produzidos no exercício de suas funções e acumulados nos arquivos municipais.

O direito à informação é um dos direitos humanos fundamentais, que pertence a todos os indivíduos, que lhes faculta a possibilidade de exigir, receber e difundir informação e nesta perspectiva, direito à informação e acesso aos documentos e arquivos são conceitos muito relacionados para a garantia do exercício pleno da cidadania e para a transparência administrativa dos governos locais.

---

32 Ver metodologia do PGD-RJ, pesquisa coordenada por RODRIGUES, Ana Célia. O Programa de Gestão de Documentos do Estado do Rio de Janeiro (PGD-RJ) como campo de pesquisa. In: _______ *et al.* (orgs). *Arquivos fluminenses no contexto ibero-americano*. Rio de Janeiro: L. E. T. Leite/Grupo de Pesquisa Gênese Documental Arquivística UFF/CNPq, 2019. (pdf), *p.* 257-264. Disponível em: http://www.rj.gov.br/LivroArquivosFluminensesnoContextoIberoamericano.pdf. Acesso em: 09 jul. 2019.

Referências bibliográficas

BELLOTTO, Heloisa Liberalli. *Arquivos para a gestão e para a memória municipais*. Palestra proferida no VIII Seminário Regional de Museus, Arquivos e Bibliotecas da Baixada Santista e Vale do Ribeira. Santos: Fundação Arquivo e Memória de Santos, 2013.

BRASIL. *Constituição da República Federativa do Brasil*. Brasília: Senado Federal, 1988. Disponível em: http://www.planalto.gov.br/ccivil_03/constituicao/constituicao.htm. Acesso em: 08 jul. 2019.

BRASIL. Lei nº 12.527, de 18 de novembro de 2011. Lei de Acesso à Informação. Disponível em http://www.acessoainformacao.gov.br/acessoainformacaogov/acesso-informacao-brasil/legislacao-integra-completa.asp. Acesso em: 08 jul. 2019.

BRASIL. Lei nº 8.159, de 8 de janeiro de 1991. Dispõe sobre a política nacional de arquivos públicos e privados e dá outras providências. Disponivel em: Acesso em:

CAMARGO, Ana Maria de Almeida & BELLOTTO, Heloísa Liberalli (org.). *Dicionário de terminologia arquivística*. São Paulo (Brasil): Associação dos Arquivistas Brasileiros / Núcleo Regional de São Paulo: Secretaria de Estado da Cultura, 1996.

CAMARGO, Ana Maria de Almeida & MACHADO, Helena Corrêa. *Como implantar arquivos municipais*. São Paulo: Arquivo do Estado, 2000. (Projeto Como Fazer, vol. 3)

CAMARGO, Ana Maria. A dimensão instrumental dos arquivos. In: RODRIGUES, Ana Célia *et al.* (orgs). *Arquivos fluminenses no contexto ibero-americano* [recurso eletrônico]. Rio de Janeiro: L E.T. Leite/Grupo de Pesquisa Gênese Documental Arquivística UFF/CNPq, 2019. Disponível em: http://www.rj.gov.br/LivroArquivosFluminensesnoContextoIberoamericano.pdf. Acesso em: 09 jul. 2019.

CONSELHO NACIONAL DE ARQUIVOS - CONARQ (Brasil). *Criação e Desenvolvimento de Arquivos Públicos Municipais: transparência e acesso à informação para o exercício da cidadania.* Rio de Janeiro: Arquivo Nacional, 2014. Disponível em: http://conarq.arquivonacional.gov.br/images/publicacoes_textos/Cartilha_criacao_arquivos_municipais.pdf. Acesso em: 08 jul. 2019.

CRUZ MUNDET, José Ramón. Principios, términos y conceptos fundamentales. In: ______ (org.) *Administración de documentos y archivos. Textos fundamentales.* Madrid, Espanha: Coordinadora de Asociaciones de Archivos, 2011. p. 15-35. Disponível em: https://www.academia.edu/4837994/Gesti%C3%B3n_de_documentos_y_Administraci%C3%B3n_de_archivos_textos_fundamentales. Acesso em: 08 jul. 2019.

DICCIONARIO de Terminologia Archivística. Madrid: Dirección de Archivos Estatales / Ministerio de Cultura, 1993.

DICIONÁRIO Brasileiro de Terminologia Arquivística. Rio de Janeiro: Arquivo Nacional, 2005.

DOYLE, Murielle & FRÉNIÈRE, André. *La preparación de manuales de gestión de documentos para las administraciones públicas: un estudio del RAMP.* Paris, UNESCO, 1991. (Programa General de Información y UNISIST-91/WS/18). Disponível em: https://unesdoc.unesco.org/ark:/48223/pf0000091076_spa. Acesso em: 08 jul. 2019.

GARCIA, Nádia Dévaki Pena & RODRIGUES, Ana Célia. Os arquivos nos municípios da Região Metropolitana do Rio de Janeiro: estudo de identificação das políticas públicas arquivísticas para o acesso à informação. In: _______ *et al.* (orgs). *Arquivos fluminenses no contexto ibero-americano* [recurso eletrônico]. Rio de Janeiro: L. E. T. Leite/Grupo de Pesquisa Gênese Documental Arquivística UFF/CNPq, 2019. Disponível em: http://www.rj.gov.br/LivroArquivosFluminensesnoContextoIberoamericano.pdf. Acesso em: 09 jul. 2019.

LLANSÓ i SANJUAN, Joaquim. *Concepto y modelos de programas de gestión de documentos.* Palestra proferida no I Seminário de Estudos Arquivísticos - A Gestão Documental no Contexto da Administração Pública Estadual no Brasil. Rio de Janeiro: Arquivo Público do Estado do Rio de Janeiro, 2010.

PEARCE-MOSES, Richard. *A Glossary of Archival and Records Terminology*. Chicago: The Society of American Archivists, 2005. (Archival fundamentals series, II). Disponível em: https://www2.archivists.org/glossary/terms/r/records-management. Acesso em: 22 jul. 2019.

RHOADS, James B. *La función de la gestión de documentos y archivos en los sistemas nacionales de información: estudio del RAMP*. Edición revisada. Paris: Unesco, 1989. (Programa General de Información y UNISIST-89/WS/6. Disponível em: https://unesdoc.unesco.org/ark:/48223/pf0000084735_spa?posInSet=2&queryId=5bdb-33f1-4ff2-45e2-9158-539696f71165 Acesso em: 08 jul. 2019.

RODRIGUES, Ana Célia. D*iplomática contemporânea como fundamento metodológico da identificação de tipologia documental em arquivos.* São Paulo: Universidade de São Paulo, 2008. Tese (Doutorado em História Social). Faculdade de Filosofia, Letras e Ciências Humanas, Universidade de São Paulo, São Paulo, SP. Disponível em: www.teses.usp.br/teses/.../8/.../TESE_ANA_CELIA_RODRIGUES.pdf. Acesso em: 26 set. 2014.

RODRIGUES, Ana Célia. I*dentificação como requisito metodológico para a gestão de documentos e acesso a informações na administração pública brasileira.* Ci. Inf., Brasília, DF, vol. 41 n° 1, p. 64-80 jan./abr., 2013. Disponível em: http://revista.ibict.br/ciinf/index.php/ciinf/issue/view/121. Acesso em: 25 mar. 2015.

RODRIGUES, Ana Célia. O Programa de Gestão de Documentos do Estado do Rio de Janeiro (PGD-RJ) como campo de pesquisa. In: _______ *et al.* (orgs). *Arquivos fluminenses no contexto ibe-*

ro-americano [recurso eletrônico]. Rio de Janeiro: L. E. T. Leite/Grupo de Pesquisa Gênese Documental Arquivística UFF/CNPq, 2019. Disponível em: http://www.rj.gov.br/LivroArquivosFluminensesnoContextoIberoamericano.pdf. Acesso em: 09 jul. 2019.

RODRIGUES, Ana Célia. Tipologia documental como parâmetro de classificação e avaliação em arquivos municipais. *Cadernos de Estudos Municipais*. Universidade do Minho (Portugal): v.17/18, n° jun a dez, 2005.

ROMERO TALLAFIGO, Manuel. El patrimonio documental de los municipios andaluces: situación y problemas. In: *Actas de las 1 Jornadas sobre Gestión del Patrimonio Documental* – Archivos Municipales. Córdoba (España): Diputación de Córdoba, 2000. p. 95-124.

SOUSA, Renato Tarciso Barbosa de. Tudo que não é sólido não se sustenta no ar: o papel da gestão de documentos na era do acesso à informação. In: RODRIGUES, Ana Célia *et al.* (orgs). *Arquivos fluminenses no contexto ibero-americano* [recurso eletrônico]. Rio de Janeiro: L E.T. Leite/Grupo de Pesquisa Gênese Documental Arquivística UFF/CNPq, 2019. Disponível em: http://www.rj.gov.br/LivroArquivosFluminensesnoContextoIberoamericano.pdf. Acesso em: 08 jul. 2019.

Fontes históricas e documentos de arquivo

Renato de Mattos

> Reunir os documentos que estima necessários é uma das tarefas mais difíceis do historiador. De fato ele não conseguiria realizá-la sem a ajuda de guias diversos, inventários de arquivos ou de bibliotecas, catálogos de museus, repertórios bibliográficos de toda sorte.[1]

Em sua clássica *Apologia da História*, Marc Bloch expressa de forma inequívoca a importância que museus, bibliotecas e arquivos assumem aos historiadores dedicados à compreensão da ação dos homens no tempo. Tal importância, sublinha o autor, resulta da "tirania" imposta pelo próprio passado aos seus estudiosos, proibindo-os de "conhecer de si qualquer coisa a não ser o que ele mesmo lhes fornece".[2] Com efeito, mesmo depois de setenta anos desde a publicação de sua primeira edição, as considerações de Bloch continuam válidas entre os historiadores contemporâneos tributários das mais diversas perspectivas teórico metodológicas.

Condenado a conhecer os fatos humanos no passado a partir de seus vestígios, o historiador conduz a sua investigação a fim de sustentar as hipóteses formuladas, interrogando docu-

1 BLOCH, Marc. *Apologia da História ou O ofício do historiador*. Rio de Janeiro: Jorge Zahar, 2001, p. 82.

2 *Idem*, p. 75.

mentos de diferentes suportes,[3] gêneros[4] e formatos,[5] os quais, frequentemente, são compulsados em arquivos. De fato, a relação quase indissociável entre o fazer histórico e a instituição arquivística foi consagrada por Charles Braibant na década de 1950 ao definir esta última como o "celeiro da história".[6] No entanto, paradoxalmente, a importância que os arquivos adquirem para os historiadores se revela incompatível com o grau de desconhecimento que muitos profissionais da área possuem acerca da natureza dos documentos de arquivo. Como destaca Ana Maria de Almeida Camargo,[7] mesmo entre pesquisadores mais experientes, não é incomum constatarmos a "superficialidade" com que estes se comportam em arquivos públicos e privados, o que, na maioria das vezes, resulta diretamente da pouca ou nenhuma familiaridade com os mecanismos de constituição de seus acervos e com as características formais dos documentos. Nesse sentido, o primeiro passo em direção ao reconhecimento dessas especificidades consiste na identificação dos pontos convergentes e divergentes entre arquivos e bibliotecas.

---

3 "Material sobre o qual as informações são registradas". Cf. BELLOTTO, Heloísa Liberalli; CAMARGO, Ana Maria de Almeida. *Dicionário de Terminologia Arquivística.* 3ª ed. São Paulo: Associação dos Arquivistas de São Paulo, 2012, p. 78.

4 "Configuração que assume um documento de acordo com o sistema de signos utilizados na comunicação de seu conteúdo". Cf. *Idem*, p. 52.

5 "Configuração física de um suporte, de acordo com a sua natureza e o modo como foi confeccionado". Cf. *Ibidem*, p. 50.

6 BRAIBANT, Charles. *Le"grenier de l'histoire" et l'arsenal de l'administration: introduction aux cours des stages d'archives de l'Hôtel de Rohan.* Paris: Imprimerie Nationale, 1957.

7 CAMARGO, Ana Maria de Almeida. Historiadores e arquivistas: um diálogo possível. *Revista do Instituto Histórico e Geográfico de Sergipe*, [S.l.], n° 48. 1, p. 23-26, jul. 2018. ISSN 2446-4856. Disponível em: <http://www.revistaihgse.org.br/index.php/revista/article/view/605/524>. Acesso em: 10 Jun. 2019.

De acordo com Heloísa Bellotto, a convergência entre essas instituições reside em seus objetivos gerais, particularmente no papel que exercem no processo social, cultural e administrativo de uma sociedade. Dessa forma, a autora assinala que arquivos e bibliotecas têm "corresponsabilidade no processo de recuperação da informação, em benefício da divulgação científica, tecnológica, cultural e social, bem como do testemunho jurídico e histórico".[8] Por sua vez, as divergências existentes se evidenciam no modo como se originam os distintos acervos e no repertório técnico dispensado ao tratamento dos documentos.

Sem nos determos em uma caracterização exaustiva, cumpre destacar que as bibliotecas se originam por meio de compra, doação ou permuta de documentos reunidos artificialmente segundo critérios que variam de acordo com o seu perfil ou linha temática. Ou seja, a biblioteca se distingue como "órgão colecionador" de documentos múltiplos passíveis de serem encontrados em outras instituições congêneres e que resultaram de "atividades, pesquisas ou criação artística, técnica ou científica".[9] No que se refere ao processamento técnico da documentação, a classificação bibliográfica pressupõe o tratamento temático a partir do assunto do documento, o qual é descrito de forma individual, independentemente das circunstâncias em que foi produzido e das relações orgânicas que mantém com os demais itens do acervo.

De outra parte, os arquivos se particularizam por custodiar documentos produzidos por pessoas ou instituições no desempenho de suas funções. Amplamente difundida, inclusive nos

8 BELLOTTO, Heloísa L. Arquivos, bibliotecas e centros de documentação: da convergência de objetivos à diversidade da documentação e do processamento técnico. In: ______. *Arquivo*: estudos e reflexões. Belo Horizonte: Editora UFMG, 2014, p. 29.

9 *Idem*, p. 32.

termos da Lei nº 8. 159, de 8 de janeiro de 1991,[10] a definição nos remete a uma característica elementar do documento de arquivo, qual seja, o fato "de ser produzido de forma natural e rotineira, por imperativos de ordem prática, sem qualquer intenção de se transformar em fonte para a história".[11] Tal característica pode ser melhor compreendida a partir da apreciação das qualidades intrínsecas a todos os documentos de arquivo.

A primeira delas é a *imparcialidade*, propriedade que decorre do fato de que nenhum documento de arquivo é produzido com outro objetivo que não seja exclusivamente aquele que presidiu a sua criação. Associada ao pressuposto de que os documentos são elaborados de acordo com rotinas processuais em vistas ao desenvolvimento de atividades e que, por esse motivo, "permanecem alheios aos sentidos que lhes emprestam outros usuários, fora do ambiente operativo",[12] a *imparcialidade* é comumente pouco compreendida pelos historiadores, os quais, muitas vezes, consideram-na incompatível com o preceito básico expresso por Jacques Le Goff de que "o documento não é inócuo".[13] Contrariando este entendimento, Luciana Duranti ressalta que a *imparcialidade*

10 Em seu segundo artigo, a Lei nº 8. 159, de 8 de janeiro de 1991 compreende como arquivo "os conjuntos de documentos produzidos e recebidos por órgãos públicos, instituições de caráter público e entidades privadas, em decorrência do exercício de atividades específicas, bem como por pessoa física, qualquer que seja o suporte da informação ou a natureza dos documentos". BRASIL. Lei nº 8. 159, de 8 de janeiro de 1991. Dispõe sobre a política nacional de arquivos públicos e privados e dá outras providências. Disponível em: <http://www.planalto.gov.br/ccivil_03/Leis/L8159.htm>. Acesso em: 10 jun. 2019.

11 CAMARGO, Ana Maria de Almeida. Sobre o valor histórico dos documentos. *Revista Arquivo Rio Claro*, Rio Claro (SP), n° 1, 2003, p. 11.

12 CAMARGO, Ana Maria de Almeida. Arquivos Pessoais são Arquivos. *Revista do Arquivo Público Mineiro*, Belo Horizonte, n° 2, jul-dez. 2009, p. 35.

13 LE GOFF, Jaques. Documento/Monumento. In: ______. *História e Memória*. Campinas (SP): Unicamp, 1996, p. 533.

não significa que os agentes responsáveis pela produção dos documentos sejam "neutros" ou "livres de preconceitos", tampouco "significa que os leitores dos documentos devam crer que eles reproduzem os fatos e atos dos quais são parte e parcela".[14] Nesse sentido, Camargo esclarece que:

> Poder-se-ia afirmar que os documentos de arquivo desfrutam, assim, de uma dupla condição: são sempre parciais em relação ao ente produtor, isto é, são partes constitutivas de sua lógica interna; e são, simultaneamente, imparciais em relação ao pesquisador, isto é, não são partes constitutivas da lógica da pesquisa.[15]

Outra importante qualidade dos documentos de arquivo é a *naturalidade*, segundo a qual os documentos se acumulam no "curso das transações de acordo com as necessidades da matéria em pauta".[16] Diferentemente de bibliotecas e museus, nos arquivos os documentos não são colecionados e sim acumulados de forma contínua e progressiva no decurso das ações. Segundo Duranti, "o fato de os documentos não serem

14 DURANTI, Luciana. Registros documentais contemporâneos como provas de ação. *Revista Estudos Históricos*, Rio de Janeiro, vol. 7, nº 13, jul. 1994, p. 51.

15 CAMARGO, Ana Maria de Almeida. Arquivos Pessoais são Arquivos. *Op. Cit.*, p. 36. Referindo-se à conceituação de documento de arquivo proposta pelo arquivista inglês Hilary Jenkinson, Rosely Cury Rondinelli assinala que a imparcialidade corresponde "ao fato de os documentos serem produzidos no curso normal das atividades e com o objetivo primeiro de atender à instituição que as desempenha. Em outras palavras, a característica da imparcialidade resulta da seguinte contradição: justamente por não serem produzidos com a intenção de servir à posteridade os documentos podem servi-la". Cf. RONDINELLI, Rosely Curi. *O documento arquivístico ante a realidade digital: uma revisão conceitual necessária*. Rio de Janeiro: Fundação Getulio Vargas, 2013, p. 181.

16 DURANTI, *Op. Cit.*, p. 52.

concebidos fora dos requisitos da atividade prática", isto é, "de se acumularem de maneira continua e progressiva, como sedimentos de estratificações geológicas, os dota de um elemento de coesão espontânea, ainda que estruturada".[17]

Da coesão "espontânea" e "estruturada" emerge o atributo da *organicidade*, ou seja, o inter-relacionamento entre os documentos de um mesmo conjunto em função do contexto de produção. Compreendida como o "ponto essencial da especificidade dos documentos de arquivo",[18] a *organicidade* permite ao pesquisador apreender a estrutura, as funções e as atividades da entidade acumuladora dos conjuntos documentais, uma vez que os documentos:

> (...) estão ligados entre si por um elo que é criado no momento em que são produzidos ou recebidos, que é determinado pela razão de sua produção e que é necessário à sua própria existência, à sua capacidade de cumprir seu objetivo, ao seu significado, confiabilidade e autenticidade. Na verdade, os registros documentais são um conjunto indivisível de relações intelectuais permanentes tanto quanto de documentos.[19]

Soma-se a essas qualidades a *unicidade*, característica que todo e qualquer documento de arquivo possui a despeito da forma, gênero ou suporte. Diferente das bibliotecas, em que documentos idênticos podem ser encontrados na mesma instituição assim como em tantas outras, nos arquivos cada item documental é único em razão do contexto de sua produção.

---

17 *Idem*, p. 52.

18 BELLOTTO, Heloisa Liberalli. Arquivos privados: conceituação e caracterização. In: ______. *Arquivos permanentes: tratamento documental*. 4. ed. Rio de Janeiro: Fundação Getulio Vargas, 2007, *p.* 253.

19 DURANTI, *Op. Cit.*, p. 52.

Ou seja, a unicidade do documento de arquivo deriva do lugar específico e singular que ocupa no âmbito da "estrutura documental do grupo ao qual pertence".[20]

Para além das propriedades distintivas dos documentos de arquivo, outro aspecto a ser assinalado é o modo como tais conjuntos são organizados. Se a classificação bibliográfica recai sobre o conteúdo, no universo dos arquivos, o tratamento dispensado depende exclusivamente da apreensão do contexto de produção. A primazia do "vínculo referencial estável"[21] entre o documento e atividades de que se originou constitui o cerne do tratamento arquivístico, o que se traduz no preceito essencial da área, o princípio da proveniência. Tal princípio, explica Bellotto, "fixa a identidade do documento relativamente a seu produtor" ao estabelecer que os arquivos devem ser "organizados em obediência à competência e às atividades da instituição ou pessoa legitimamente responsável pela produção, acumulação ou guarda dos documentos".[22]

Organizados conforme o seu contexto orgânico de produção e assegurado o sistema de relações que mantêm entre si e com o todo, os documentos de arquivo se distinguem por seu estatuto probatório que os tornam imprescindíveis aos estudiosos interessados na "reconstituição das realidades do passado".[23] Preservado

20 BELLOTTO, Heloísa Liberalli. Arquivística: objetos, princípios e rumos. In: *I Ciclo de palestras sobre arquivos e gestão de documental: aperfeiçoamento e atualização profissional.* São Paulo: Arquivo do Estado de São Paulo/Tribunal de Justiça do Estado de São Paulo, 2011, p. 13.

21 CAMARGO, Ana Maria de Almeida; GOULART, Silvana. *Tempo e circunstância: a abordagem contextual dos arquivos pessoais.* São Paulo: Instituto Fernando Henrique Cardoso, 2007, p. 47.

22 BELLOTTO, *Op. Cit.*, p. 13.

23 CAMARGO, Ana Maria de Almeida. Sobre o valor histórico dos documentos. *Op. Cit.*, p. 12.

o seu caráter instrumental,[24] o documento de arquivo se impõe como testemunho das ações empreendidas por pessoas físicas ou jurídicas no cumprimento de suas funções e atividades, de modo que é precisamente em função do valor probatório do documento arquivísticos e do modo como este se subordina à natureza contextual que os arquivos são capazes de espelhar os contextos e relações em que seus produtos se inseriram e atuaram.

Assim, sob o risco de cometerem equívocos em suas interpretações e anacronismos, os historiadores, antes de se limitarem à superfície dos arquivos, devem compreendê-los como representantes de seus respectivos contextos de origem, cujos nexos permanecem alheios "aos inesgotáveis sentidos que os pesquisadores, com diferentes recortes temáticos ou enfoques teóricos, podem lhes emprestar".[25]

Referências bibliográficas

BELLOTTO, Heloisa Liberalli. Arquivos privados: conceituação e caracterização. In: ______. *Arquivos permanentes*: *tratamento documental*. 4. ed. Rio de Janeiro: Fundação Getulio Vargas, 2007, p. 249-260.

______. Arquivística: objetos, princípios e rumos. In: *I Ciclo de palestras sobre arquivos e gestão de documental*: *aperfeiçoamento e atualização profissional*. São Paulo: Arquivo do Estado de São Paulo/ Tribunal de Justiça do Estado de São Paulo, 2011,

24 De acordo com Delmas, "o documento de arquivo é o instrumento de uma ação e, como tal, possui três qualidades: ele é necessário, pessoal e preservado". Cf. DELMAS, Bruno. *Arquivos para quê? Textos escolhidos*. São Paulo: Instituto Fernando Henrique Cardoso, 2010, p. 56

25 CAMARGO; GOULART. *Op. Cit.*, p. 47.

______; CAMARGO, Ana Maria de Almeida. *Dicionário de Terminologia Arquivística*. 3ª ed. São Paulo: Associação dos Arquivistas de São Paulo, 2012.

______. Arquivos, bibliotecas e centros de documentação: da convergência de objetivos à diversidade da documentação e do processamento técnico. In: ______. *Arquivo: estudos e reflexões*. Belo Horizonte: Editora UFMG, 2014, p. 29-37.

BLOCH, Marc. *Apologia da História ou O ofício do historiador*. Rio de Janeiro: Jorge Zahar, 2001.

BRAIBANT, Charles. *Le"grenier de l'histoire" et l'arsenal de l'administration: introduction aux cours des stages d'archives de l'Hôtel de Rohan*. Paris: Imprimerie Nationale, 1957.

BRASIL. *Lei nº 8. 159, de 8 de janeiro de 1991*. Dispõe sobre a política nacional de arquivos públicos e privados e dá outras providências. Disponível em: <http://www.planalto.gov.br/ccivil_03/Leis/L8159.htm>. Acesso em: 10 jun. 2019.

CAMARGO, Ana Maria de Almeida. Sobre o valor histórico dos documentos. *Revista do Arquivo do Município de Rio Claro*, Rio Claro, n° 1, p. 11-17, 2003.

CAMARGO, Ana Maria de Almeida; GOULART, Silvana. *Tempo e circunstância: a abordagem contextual dos arquivos pessoais*. São Paulo: Instituto Fernando Henrique Cardoso, 2007.

CAMARGO, Ana Maria de Almeida. Arquivos Pessoais são Arquivos. *Revista do Arquivo Público Mineiro*, Belo Horizonte, nº 2, p. 26-39, jul-dez. 2009.

CAMARGO, Ana Maria de Almeida. Historiadores e arquivistas: um diálogo possível. *Revista do Instituto Histórico e Geográfico de Sergipe*, [S.l.], n° 48. 1, p. 23-26, jul. 2018. ISSN 2446-4856. Disponível em: <http://www.revistaihgse.org.br/index.php/revista/article/view/605/524>. Acesso em: 10 Jun. 2019.

DELMAS, Bruno. *Arquivos para quê? Textos escolhidos*. São Paulo: Instituto Fernando Henrique Cardoso, 2010.

DURANTI, Luciana. Registros documentais contemporâneos como provas de ação. *Revista Estudos Históricos*, Rio de Janeiro, vol. 7, n° 13, jul. 1994, p. 51.

LE GOFF, Jaques. Documento/Monumento. In: ______. *História e Memória*. Campinas (SP): Unicamp, 1996, p. 525-541.

RONDINELLI, Rosely Curi. *O documento arquivístico ante a realidade digital: uma revisão conceitual necessária*. Rio de Janeiro: Fundação Getulio Vargas, 2013.

Espécies e tipos documentais na série de obras particulares do Arquivo Municipal de Campinas (1893–1905)

Caroline Menegon Albino

No processo de arranjo e descrição de arquivos é imprescindível que os documentos sejam identificados a partir de determinadas características formais que os distingam uns dos outros. A configuração que assumem as informações neles contidas, obediente a estruturas e fórmulas impostas pela tradição ou por normas juridicamente estabelecidas, determina a espécie[1] e o tipo[2] dos documentos que, nas sociedades complexas, cumprem o duplo papel de viabilizar um sem número de atividades e, a posteriori, comprová-las. No que tange a documentação ligada à construção civil[3] esta situação não é diferente, uma vez que a legislação de muitos municípios paulistas, a partir do final do século XIX, passou a exigir para a construção de novas edificações ou reforma das já existentes documentos que provem a viabilidade e a legalidade da obra a ser executada.

1 "Configuração que assume um documento de acordo com a disposição e a natureza das informações nele contidas". Cf. BELLOTTO, Heloísa Liberalli; CAMARGO, Ana Maria de Almeida. *Dicionário de Terminologia Arquivística*. 3ª ed. São Paulo: Associação dos Arquivistas de São Paulo, 2012, p. 46.

2 "Configuração que assume a espécie documental de acordo com a atividade que a gerou". Cf. *Idem*, p. 52.

3 Documentação gerada no processo de produção ou reforma de casas, edifícios, ou outras obras de infraestrutura, mediante o concurso de engenheiros civis, arquitetos e técnicos de diferentes disciplinas.

A *Série de Obras Particulares do Arquivo Municipal de Campinas*, objeto desse artigo, é composta por requerimentos de diferentes agentes que solicitaram à Prefeitura de Campinas a autorização para construção ou reforma de suas propriedades entre os anos de 1893 a 1905. A partir da análise desta documentação, buscaremos definir alguns tipos documentais comumente utilizados na construção civil, com a intenção de identificá-los, em vistas à difusão desse rico material para pesquisadores da história da arquitetura, assim como para arquitetos que buscam entender os processos urbanísticos e arquitetônicos pelos quais passou a cidade de Campinas e também para estudiosos da Arquivologia.

Tipologia documental

Quando tratamos da identificação como função arquivística, estamos nos referindo ao estudo da tipologia documental que advém da Diplomática, uma "disciplina que tem por objeto a estrutura formal e a *autenticidade* dos *documentos.*[4]" Os estudos da tipologia documental advêm de reflexões da Diplomática Contemporânea aplicadas aos estudos da gênese documental. Segundo Bellotto e Camargo,[5] *tipo documental* pode ser definido como a configuração que assume a espécie documental de acordo com a atividade que a gerou. A espécie, segundo a mesma autora, é uma fórmula vazia, representativa da função ou competência de determinado organismo, o tipo resulta da atividade por ele desenvolvida. Em termos diplomáticos, a *actio* equivaleria à espécie, e a *conscriptio*, ao tipo.[6]

---

4 BELLOTTO; CAMARGO, *Op. Cit.*, p. 38.

5 *Ibidem*, p. 52.

6 BELLOTTO, Heloísa Liberalli. *Diplomática e tipologia documental em arquivos*. 2. ed. Brasília: Briquet de Lemos Livros, 2008.

Este tema vem merecendo cada vez mais a atenção dos profissionais da área de arquivos e já conta com uma literatura significativa no Brasil. Em grande parte inspirada por autores de língua espanhola, o grupo de Trabajo de Archiveros Municipales de Madrid, Vicenta Cortés Alonso,[7] Manuel Vázquez Murillo,[8] Antonia Heredia Herrera[9] e Mariano García Ruipérez,[10] a análise tipológica dos documentos de arquivo ganhou terreno no Brasil graças aos trabalhos de Heloísa Liberalli Bellotto[11] e Ana Célia Rodrigues.[12] O seminário *Dar nome aos documentos*, promovi-

7 CORTÉS LONSO, Vicenta. *La génesis documental. In: La escritura y lo escrito: paleografía y diplomática de los siglos XVI, XVII y XVIII.* Madrid: Ministerio de Cultura, 1986, *p.* 28-31

8 VÁZQUEZ MURILLO, Manuel. Reflexiones sobre el "tipo documental". In: *De archivos y archivistas: homenaje a Aurelio Tanodi*. Washington: Organización de los Estados Americanos, 1987, *p.* 177-185.

9 HEREDIA HERRERA, Antonia. En torno al tipo documental. *Boletín de ANABAD*, Madrid, 56 (3), p. 13-36, 2006.

10 GARCÍA RUIPÉREZ, Mariano. *Tipología, series documentales, cuadros de clasificación: cuestiones metodológicas y prácticas.* Las Palmas de Gran Canaria: Anroart, 2007. GRUPO de Trabajo de Archiveros Municipales de Madrid. *Manual de tipología documental de los municipios.* Madrid: Consejería de Cultura, s.d. (Estudios, 2)

11 BELLOTTO, Heloísa Liberalli. *Como fazer análise diplomática e análise tipológica de documentos de arquivo*. São Paulo: Associação de Arquivistas de São Paulo, 2002; BELLOTTO, Heloísa Liberalli. *Arquivos permanentes: tratamento documental.* 4. ed. Rio de Janeiro: Editora FGV, 2006; e BELLOTTO, *Op. Cit.*, 2008.

12 RODRIGUES, Ana Célia. *Da abordagem clássica da diplomática à moderna tipologia:* a *trajetória de um referencial metodológico para a identificação de documento de arquivo.* In: Paleografia e diplomática no Curso de Arquivologia. Santa Maria: Facos, 2007, p. 177-197; RODRIGUES, Ana Célia. *Diplomática contemporânea como fundamento metodológico da identificação de tipologia documental em arquivos.* Tese (Doutorado em História Social). Faculdade de Filosofia, Letras e Ciências Humanas da Universidade de São Paulo, 2008; e RODRIGUES, Ana Célia. Identificação de tipologia documental: metodologia para gestão de documentos e arquivos. In: *Os documentos em seu contexto funcional: da análise diplomática à tipológica.* São Paulo: Associação de Arquivistas de São Paulo, 2018. (no prelo).

do pela Fundação Fernando Henrique Cardoso em 2013 e com anais publicados em 2015,[13] enfatizou a relevância da tipologia na abordagem dos arquivos pessoais, reforçando a centralidade do tema e apontando a necessidade de padronização como requisito para o compartilhamento de bases de dados e outros mecanismos de acesso à informação.

A falta de uniformização na tipologia documental dos diferentes acervos não ocorre por má formação dos arquivistas, mas sim, por conta da grande variedade de documentos que este profissional pode encontrar nos diferentes arquivos existentes, e que requerem vocabulário especializado da área de abrangência do conjunto documental a ser tratado.

Por fim, é relevante apontar que no Brasil alguns arquivos públicos e privados utilizam essa metodologia como forma de identificação e descrição de sua massa documental acumulada, dentre os quais o Sistema de Arquivos do Estado do Rio de Janeiro (SAERJ), o Sistema de Arquivos do Estado de São Paulo (SAESP)[14] e todos os acervos resguardados pela Fundação Fernando Henrique Cardoso,[15] que abriga entre outros o do ex-presidente do país.

13 ARDAILLON, Danielle (org.). *Dar nome aos documentos: da teoria à prática*. São Paulo: Fundação Instituto Fernando Henrique Cardoso, 2015.

14 Ver: BERNARDES, Ieda Pimenta. (org.). *Aplicação do plano de classificação e tabelas de temporalidade de documentos da administração pública do Estado de São Paulo: atividades-meio*. São Paulo: Arquivo Público do Estado de São Paulo, 2008.

15 Ver: CAMARGO, Ana Maria de Almeida; GOULART, Silvana. *Tempo e circunstância: a abordagem contextual dos arquivos pessoais*. São Paulo: Instituto Fernando Henrique Cardoso, 2007.

Documentação arquitetônica: do tratamento à difusão

A documentação arquitetônica, como qualquer outro tipo de documentação, deve estar organizada para que a informação que ela contém seja facilmente recuperada. Algumas especificidades deste tipo de documento fazem com que seu tratamento, acondicionamento e conservação possuam peculiaridades, uma vez que parte relevante desta documentação possui grande formato.

Existem, hoje, alguns grupos de trabalho discutindo formas de tratar esta documentação lidando com sua especificidade em todo o processo de tratamento arquivístico. Destacamos aqui a Seção de Arquivos de Arquitetura do Conselho Internacional de Arquivos – CAI (International Council on Archives – ICA) que publicou o *Manuel de Traitement des Archives D'Architecture XI-Xe-XXe Siècles,*[16] o Archives Nationales du Québec, com o seu *Guide de gestion des archives des bureaux d'architectes*[17] e o Grupo de Trabalho de Arquivos e Fundos de Arquitetura vinculado a Associação de Arquivistas da Catalunha, cujo membros publicaram o livro *Los documentos de arquitectura y cartografia: que són y como se tratan.*[18]

Além das iniciativas publicadas, se destaca o Sistema de Informação para o Patrimônio Arquitetônico em Portugal (SIPA)[19]

16 CONSEIL INTERNATIONAL DES ARCHIVES. *Manuel de traitement des archives d'architecture: XIXe-XXe siècles.* Paris: Conseil international des Archives, 2000.

17 ARCHIVES NATIONALES DU QUÉBEC. *Guide de gestion des archives des bureaux d'architectes.* Québec: Ordre des Architectes du Québec, 2005.

18 SIMON, Andreu Carrascal; TORT, Rosa Maria Gil. *Los documentos de arquitectura y cartografia: qué son y cómo se tratan.* Espanha: Ediciones Trea, 2007.

19 Disponível em: <http://www.monumentos.gov.pt/Site/APP_PagesUser/SitePageContents.Aspx?id=08ª335ea-db85-4fdd-862b-fe6e623e44a8>. Acesso em: 16/05/2019.

único banco de dados que encontramos organizado em torno de edifícios, isto é, apresenta-se o edifício e sua ficha, e, a partir daí todos os documentos disponíveis sobre ele.[20] Com o final deste trabalho além da reunião dos documentos que tiveram o mesmo contexto de produção, e possível obter um levantamento de todo o patrimônio arquitetônico português possibilitando, assim, uma melhor política de preservação deste patrimônio edificado.

Segundo Sá, existe também,

> (...) um tesauro com vocabulário estruturado sobre arquitetura, urbanismo, paisagem, território, documentação e áreas associadas, procurando assegurar a sua correta utilização, estando, contudo, atualmente inacessível à consulta por falta de atualizações informáticas.[21]

Desta maneira, podemos concluir que já existem iniciativas que propõem formas de tratar este material arquivístico. Acreditamos que, a partir delas e com a aplicação da tipologia documental conseguiremos recuperar a informação de forma mais clara e rápida, conseguindo por fim alcançar um maior número de usuários no processo de difusão do acervo.

---

20 Para saber mais sobre o SIPA, ver: NOÉ, P. O SIPA – SISTEMA DE INFORMAÇÃO PARA O PATRIMÔNIO ARQUITETÔNICO – EM PORTUGAL. *Revista CPC*, n° 21, p. 67-98, 29 jul. 2016.

21 *Idem, p. 84.*

Caso da Série de Processos de licença para obras particulares de edificações do município de Campinas (1893-1905)

Legislação

No que tange ao escopo deste artigo, estudaremos a seguir a *Série de Processos de licença para obras particulares de edificações* do município de Campinas entre os anos 1893 e 1905.

O primeiro passo para entendermos os tipos documentais existentes nesta série é compreender a legislação que regia o processo de aprovação das obras particulares, atividade já regulada desde o primeiro Código de Posturas publicado em 1858. Neste não havia a obrigatoriedade da remessa de documentos ao poder público para que a obra pudesse começar; a única demanda da província a este respeito está exposta no artigo primeiro do código citado:

> Não se poderá construir obra alguma, ou fechar terreno dentro do povoado sem proceder alinhamento pelo Arruador que perceberá 1:000 réis por cada frente que alinhar, quando a Edificação ou terreno tiver mais de uma frente, tendo só uma perceberá 2000 réis.

Esta exigência se manteve em todos os códigos de posturas dos anos seguintes,[22] de modo que, a partir de 1880, além da figura do arruador, passou a ser obrigatória a presença de um fiscal público no momento de "alinhar, nivelar e regular a frente de qualquer edifício ou muro, que se construir ou reconstruir conforme o plano adotado pela Câmara".[23] Neste momento a presen-

22 Ver Códigos de Postura de Campinas publicados em 1864, 1872 e 1880.

23 CAMPINAS [Província]. Código de Posturas de 1880, disponível em:

ça do fiscal na obra ainda era necessária, ação que foi substituída pela exigência legal de entrega de documentos que provassem a viabilidade da obra e que atestassem sua conformidade com a legislação aprovada pela Câmara, o que aconteceu com a edição da Resolução nº 15 já no período republicano.

> Art. único. Todas as plantas das edificações que tiverem obtido o visto e aprovação do engenheiro, poderão ser, desde logo, executadas, sem dependência do Conselho de Intendência, devendo, porém, os requerimentos ser apresentados ao cidadão presidente, para mandá-los ao engenheiro.[24]

O desenho gráfico passa assim a ter protagonismo nestes espaços nos quais antes o projeto arquitetônico não dependia da estabilização em um suporte.[25]

Por fim, a Lei Municipal nº 29 de 1894 padronizou a maneira de se apresentar os requerimentos ao poder público, tornando indispensável que este documento contivesse "local do prédio, suas dimensões, dando sucinta descrição dos aposentos".[26] Como veremos na documentação analisada a seguir, por não deixar expressa a necessidade de apresentação de planta para a concessão de licença para construir, muitos requerimentos não possuíam essa espécie como anexos, contendo no mesmo supor-

---

http://arq-camp.campinas.sp.gov.br/index.php/p1?symfony=7usmvrct24s12rdslkv617cuq1. Acesso em 20 abr. 2019.

24 CAMPINAS [Município], Resolução nº15, 30 jun. 1890. Resoluções relativas aos anos de 1890 a 1892. Campinas: Livro Azul, 1900, p. 21.

25 SIMON, Andreu Carrascal; TORT, Rosa Maria Gil. *Los documentos de arquitectura y cartografia: qué son y cómo se tratan.* Espanha: Ediciones Trea, 2007, p. 20.

26 CAMPINAS [Município], Lei nº 29, 11 jan. 1894. *Leis, provimentos, resoluções e regulamentos promulgados em 1894.* Campinas: Livro Azul, 1895, p. 3-4.

te esboços dos documentos iconográficos que se tornaram hoje indispensáveis para aprovação de qualquer obra.

Estudo de alguns tipos documentais

Analisaremos agora algumas espécies e tipos documentais, sendo eles: requerimentos, plantas, elevações e cortes, todos presentes na *Série 102*. Os documentos que trataremos aqui se restringem aos três primeiros anos que compõe essa série, a saber, 1893, 1894 e 1895.

De todos os documentos analisados, começaremos pelo único pertencente ao gênero[27] textual, o requerimento. Uma espécie consolidada na área, sendo definido no Glossário da Fundação FHC como:

> Manifestação individual de reivindicação, dirigida a determinada autoridade pública ou colegiado, baseada em atos legais ou jurisprudência. Aplicam-se ao requerimento, em princípio, os mesmos tipos da carta. No plural, o termo pode ser utilizado para indicar a abordagem serial prevista para cartas enviadas e cartas recebidas. Não confundir com Abaixo-assinado, Petição.[28]

Partindo desta definição da espécie *requerimento* e considerando que a atividade que o gerou foi a necessidade de pedir autorização ao poder público para iniciar obras, definiremos o tipo deste documento como *requerimento de autorização*. A maior parte dos requerimentos de 1893 solicita ao Intendente de Higiene da Câmara (profissional responsável por conceder a

27 BELLOTTO; CAMARGO. *Op. Cit.*, p. 52.

28 FUNDAÇÃO FHC, disponível em: https://fundacaofhc.org.br/sobre-a-fundacao/apresentacao-por-fhc?gclid=EAIaIQobChMI0YiWu-Gh4gIVhxGRCh0lcA32EAAYASAAEgIgWvD_BwE. Acesso em 30 abr. 2019.

licença para construir) que faça o alinhamento do terreno e posteriormente lhe conceda a licença para que a obra possa acontecer. Alguns dos requerimentos citam inclusive a legislação que os obriga a encaminhar este documento ao poder público; no documento reproduzido na Figura 1, o requerente expõe conhecimento da lei que obriga agora que os quartos possuam janelas.

Figura 1. Requerimento de Salvador Giraldi

Fonte: AMC; 102-1893-35-000035

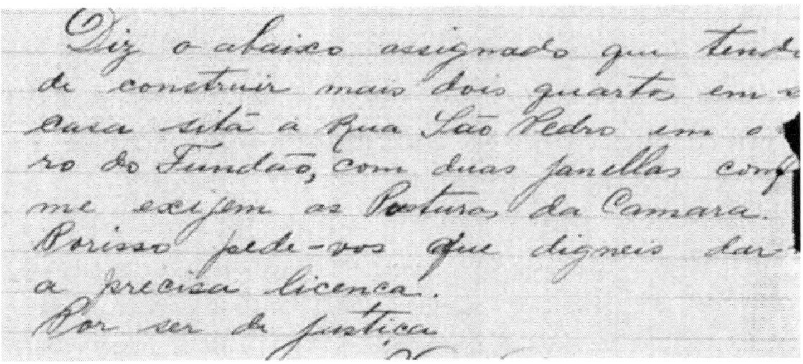

Diz o abaixo assignado que tendo de construir mais dois quartos em sua casa sitã á Rua São Pedro em o … ro do Fundão, com duas janellas conforme exigem as Posturas da Camara. Porisso pede-vos que digneis dar a precisa licença. Por ser de justiça

Alguns requerimentos posteriores a Lei nº 29, já citada, possuem esboços do material gráfico esperado, porém não obrigatório, em seu próprio texto, ilustrando as modificações que deveriam acontecer e que estão explicadas textualmente, como na Figura 2.

Figura 2. Requerimento de Gertrudes Eugênia do Amaral
Fonte: AMC; 102-1895-008-000206

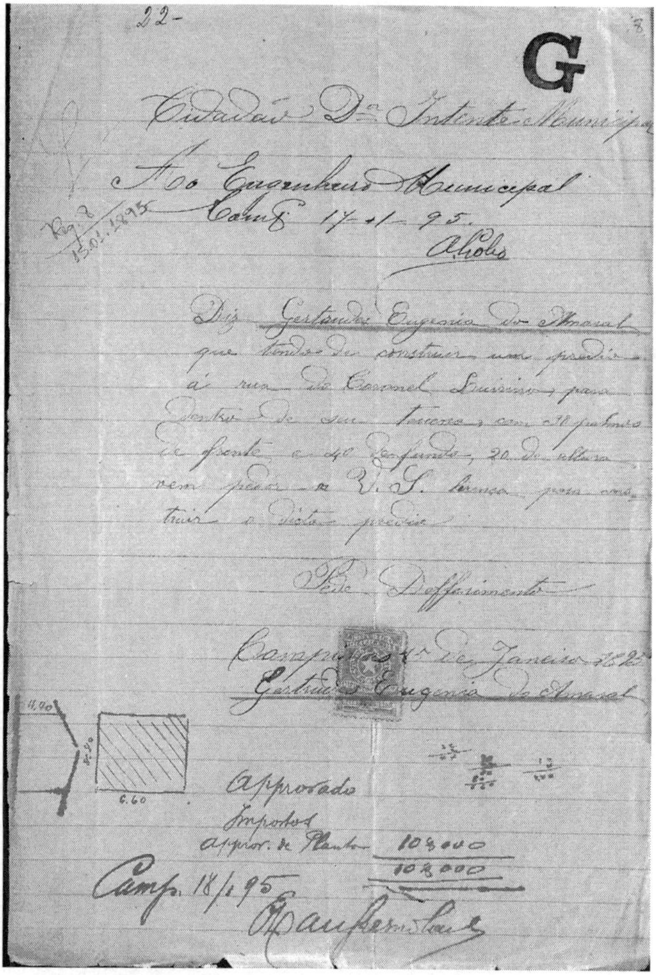

Os três últimos documentos que trataremos aqui têm como "linguagem básica a imagem".[29] Os documentos de arquitetura têm se transformado com o passar dos séculos, apesar de já estarem presentes aqui alguns símbolos gráficos utilizados ainda

29 BELLOTTO; CAMARGO. *Op. Cit.*, p. 40.

hoje por profissionais da área. Estas mudanças na documentação ocorrem a partir das alterações nas técnicas, tanto de reprodução do documento, quanto das empregadas pelo profissional encarregado da produção destes documentos.[30]

Os tipos que definiremos aqui têm sido objeto de nossos estudos, ainda não se apresentando como um consenso na área. Tendemos a definir a espécie *planta* como uma representação gráfica que apresenta a projeção horizontal de um edifício. Defendemos também que é possível agregar a esta espécie sua função, por exemplo, planta de instalação elétrica, planta de instalação hidráulica, planta estrutural, entre outras. Aqui, utilizaremos somente a espécie de forma genérica, uma vez que são representadas apenas as paredes e as indicações dos cômodos (Figura 3), com algumas exceções: há plantas que apresentam o posicionamento dos pilares (Figura 4).

Figura 3. Planta de edifício no bairro do Taquaral

Fonte: AMC; 102-1894-149-000189

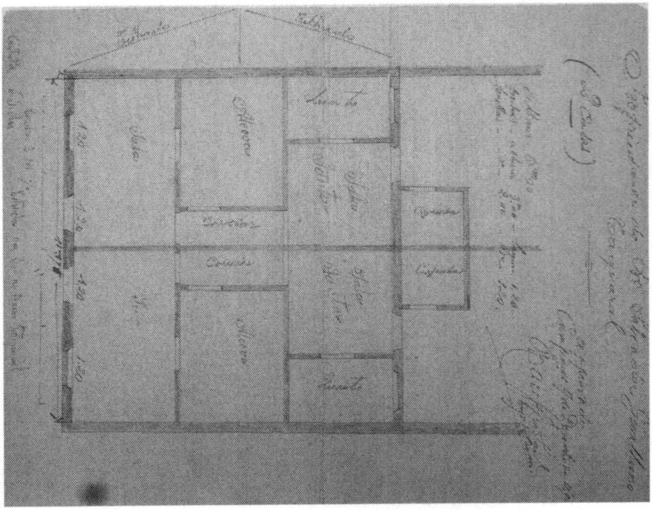

30 SIMON; TORT. *Op. Cit.*, p. 35.

Figura 4. Planta de casa na esquina do Largo da Estação com a Rua 13 de Maio. Fonte: AMC; 102-1895-066-000264

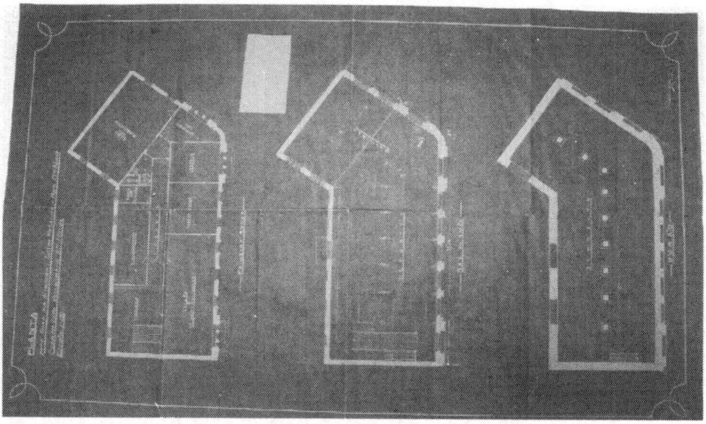

Por sua vez, definimos *corte* como representação gráfica da seção vertical imaginária de uma construção ou de uma peça, com o intuito de revelar informações que não estão presentes na planta: níveis de cada patamar da edificação, altura de cada parte a ser construída, presença de escadas etc. O corte deve indicar a orientação adotada, que pode ser tanto transversal, de uma lateral à outra, quanto longitudinal, da frente para os fundos. Os cortes neste período possuem algumas características das apresentadas na definição, porém este documento não havia chegado ao estado atual de desenvolvimento. Desta maneira, percebemos apenas a marca da orientação adotada presente na planta (Figura 5) e o corte (Figura 6) apresenta a inclinação do telhado.

Figura 5. Corte na Rua José Paulino.
Fonte: AMC; 102-1893-26-000026

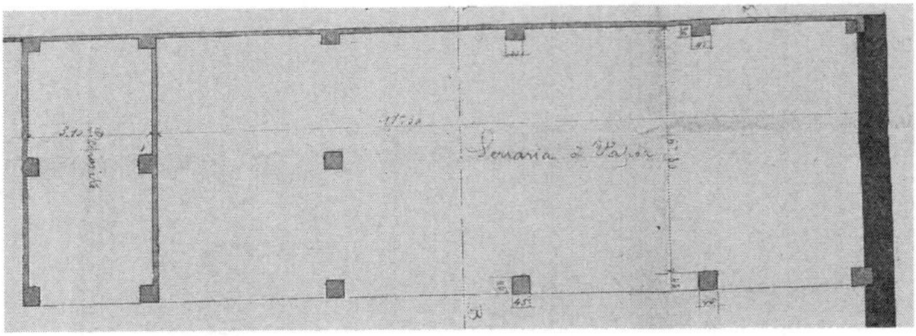

Figura 6. Corte na Rua José Paulino.
Fonte: AMC; 102-1893-26-000026

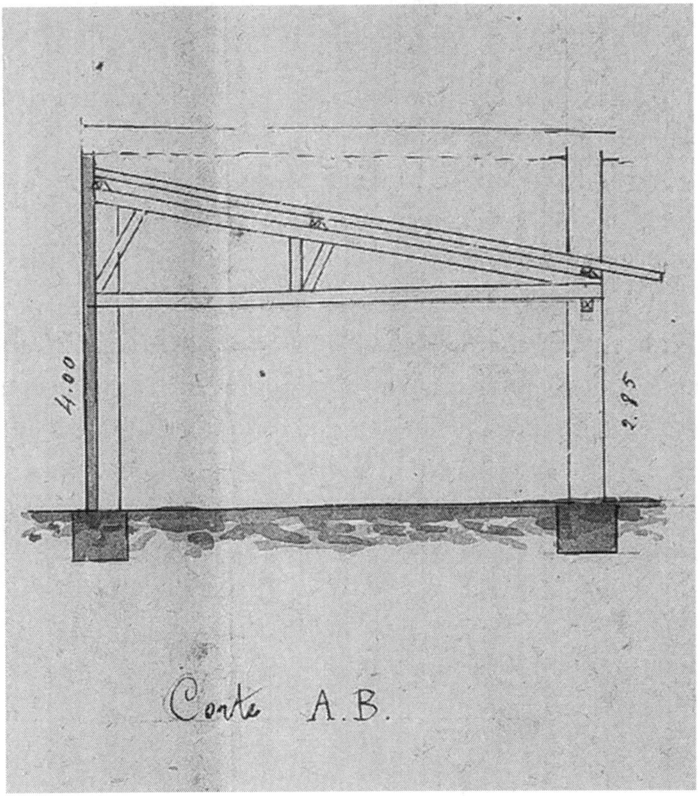

Por fim, definimos *elevação* como representação gráfica ortogonal da parte externa do edifício, como as laterais, a frente ou os fundos, em suas dimensões verticais e horizontais. Este vocábulo substitui fachada, vista e alçado (termo comumente utilizado em documentos produzidos desde o século XIX até metade do século XX). Na documentação analisada, encontramos apenas um documento no qual estão representadas as duas elevações do edifício que fica na esquina do Largo da Estação com a Rua 13 de Maio (Figura 7) na cidade de Campinas, sendo mais comum a representação de apenas um lado da edificação.

Figura 7. Elevação de casa na esquina do Largo da Estação com a Rua 13 de Maio. Fonte: AMC; 102-1895-066-000264

A partir da reflexão que buscamos suscitar em torno da identificação do tipo documental como forma de organização de documentos arquitetônicos, chegamos a conclusão que este é um trabalho que não se encerra aqui, uma vez que identificamos neste estudo apenas as espécies e tipos documentais presentes na *Série de Processos de licença para obras particulares de edificações* do município de Campinas que datam do fim do século XIX.

Referências bibliográficas

ARDAILLON, Danielle (org.). *Dar nome aos documentos: da teoria à prática.* São Paulo: Fundação Instituto Fernando Henrique Cardoso, 2015.

______. *Arquivos permanentes: tratamento documental.* 4. ed. Rio de Janeiro: Editora FGV, 2006.

______. *Como fazer análise diplomática e análise tipológica de documentos de arquivo.* São Paulo: Associação de Arquivistas de São Paulo, 2002.

______. *Diplomática e tipologia documental em arquivos.* 2. ed. Brasília: Briquet de Lemos Livros, 2008.

______; CAMARGO, Ana Maria de Almeida; (coord.). *Dicionário de terminologia arquivística.* 3. ed. São Paulo: Associação de Arquivistas de São Paulo: Secretaria de Estado da Cultura, 2012.

BERNARDES, Ieda Pimenta. (Org.). *Aplicação do plano de classificação e tabelas de temporalidade de documentos da administração pública do Estado de São Paulo: atividades-meio.* São Paulo: Arquivo Público do Estado de São Paulo, 2008.

CAMARGO, Ana Maria de Almeida; GOULART, Silvana. *Tempo e circunstância: a abordagem contextual dos arquivos pessoais.* São Paulo: Instituto Fernando Henrique Cardoso, 2007.

CAMPINAS [Província], *Código de Posturas de 1858*, disponível em: http://arq-camp.campinas.sp.gov.br/index.php/p15?symfony=3hi2regtm2qgg5nc346okefi26. Acesso em 13 maio 2019;______ Código de Posturas de 1880, disponível em: http://arq-camp.cam pinas.sp.gov.br/index.php/p1?symfony=7usmvrct24s12rdslkv617cuq1. Acesso em 20 abr. 2019.

CAMPINAS [Município], Resolução nº15, 30 jun. 1890. *Resoluções relativas aos anos de 1890 a 1892.* Campinas: Livro Azul, 1900, p. 21; Lei nº 29, 11 jan. 1894. Leis, provimentos, resoluções e regulamentos promulgados em 1894. Campinas: Livro Azul, 1895, p. 3-4.

CONSEIL INTERNATIONAL DES ARCHIVES. *Manuel de traitement des archives d'architecture: XIXe-XXe siècles.* Paris: Conseil international des Archives, 2000.

CORONA, Eduardo; LEMOS, Carlos A. C. *Dicionário da Arquitetura Brasileira.* São Paulo: Edart, 1989.

CORTÉS LONSO, Vicenta. La génesis documental. In: *La escritura y lo escrito: paleografía y diplomática de los siglos XVI, XVII y XVIII.* Madrid: Ministerio de Cultura, 1986, *p.* 28-31

FERREIRA, Monica Cristina Brunini Frandi. *Higiene e habitação: o controle da atividade edificativa em Campinas: 1880-1934.* Tese (Doutorado). São Carlos: Instituto de Arquitetura e Urbanismo da Universidade de São Paulo, 2017.

GARCÍA RUIPÉREZ, Mariano. *Tipología, series documentales, cuadros de clasificación: cuestiones metodológicas y prácticas.* Las Palmas de Gran Canaria: Anroart, 2007.

GRUPO de Trabajo de Archiveros Municipales de Madrid. *Manual de tipología documental de los municipios.* Madrid: Consejería de Cultura, s.d. (Estudios, 2)

HEREDIA HERRERA, Antonia. *En torno al tipo documental. Boletín de ANABAD*, Madrid, 56 (3), p. 13-36, 2006.

MARINI, Enéas. *Diccionario da Nomenclatura Technologica do Constructor.* São Paulo: Domingos Urruselqui, 1925.

NOÉ, P. O SIPA – SISTEMA DE INFORMAÇÃO PARA O PATRIMÔNIO ARQUITETÔNICO – EM PORTUGAL. Revista CPC, n° esp21, p. 67-98, 29 jul. 2016.

RODRIGUES, Ana Célia. *Da abordagem clássica da diplomática à moderna tipologia: a trajetória de um referencial metodológico para a identificação de documento de arquivo.* In: Paleografia e diplomática no Curso de Arquivologia. Santa Maria: Facos, 2007, p. 177-197.

_____. *Diplomática contemporânea como fundamento metodológico da identificação de tipologia documental em arquivos*. Tese (Doutorado em História Social). Faculdade de Filosofia, Letras e Ciências Humanas da Universidade de São Paulo, São Paulo, 2008.

______. *Identificação de tipologia documental: metodologia para gestão de documentos e arquivos*. In: Os documentos em seu contexto funcional: da análise diplomática à tipológica. São Paulo: Associação de Arquivistas de São Paulo, 2018. (no prelo)

RODRIGUES, Francisco de Assis. *Diccionario Technico e Historico de Pintura, Esculptura, Architetura*. Lisboa: Imprensa Nacional, 1875.

SIMON, Andreu Carrascal; TORT, Rosa Maria Gil. *Los documentos de arquitectura y cartografia: qué son y cómo se tratan*. Espanha: Ediciones Trea, 2007.

VÁZQUEZ MURILLO, Manuel. Reflexiones sobre el "tipo documental". In: *De archivos y archivistas: homenaje a Aurelio Tanodi*. Washington: Organización de los Estados Americanos, 1987, p. 177-185.

Os desafios da conservação de documentos em processo de digitalização de acervos

Alessandra França Barbosa

Este artigo apresenta as diretrizes adotadas pelo Laboratório de Conservação e Restauro do Centro de Memória da Universidade Estadual de Campinas (CMU/Unicamp) na preparação de documentos para a digitalização, bem como discute os aspectos dessa preparação sob o ponto de vista do conservador e das questões éticas da profissão frente à demanda pelo acesso rápido e em larga escala à informação. Por meio de um relato de experiência do gerenciamento dessa documentação nas dependências do laboratório, este artigo pretende apontar possíveis caminhos para a preservação de acervos dentro da lógica dos projetos de digitalização.

Tais diretrizes foram elaboradas a partir do desenvolvimento do Projeto de *Digitalização e Difusão do conjunto Adolpho Gordo*[1]

1 Adolpho Afonso da Silva Gordo (Piracicaba, SP, 1858 - Rio de Janeiro, RJ, 1929), titular do conjunto documental escolhido para o Projeto ProAC 19/2018, foi importante figura da política brasileira por sua trajetória como advogado e senador no período da República. Teve uma extensa carreira parlamentar com a participação em variados projetos que resultaram em leis. Alguns desses projetos de lei, ficaram conhecidos como "Leis Adolpho Gordo", como as leis de Expulsão de Estrangeiros (1907 e 1921), a Lei de Acidentes no Trabalho (1919) e a Lei de Imprensa (1923). Na Câmara e no Senado Federal participou da Comissão de Justiça e Legislação, que chegou a presidir. Fez parte também das comissões especiais incumbidas da elaboração do Código Civil, do Código Comercial e da comissão que procedeu à Reforma da Constituição em 1926. Apoiou o projeto que visava instituir o divórcio e a concessão do sufrágio feminino. Sobre este último, há sig-

dos Arquivos Históricos do CMU, financiado pelo Programa de Ação Cultural da Secretaria de Cultura do Estado de São Paulo e que contemplava a digitalização e disponibilização em banco de dados de cerca de 5 mil itens documentais, em um prazo de 10 meses.

Diante dessa numerosa documentação e do prazo delimitado pelo projeto, o Centro de Memória precisou construir uma nova metodologia de trabalho que envolveu todas as áreas da instituição, tendo por objetivo definir as políticas para o tratamento desse conjunto documental e visando atender as expectativas de ampliação do acesso aos documentos com a geração de representantes digitais.

Certamente, para qualquer laboratório de conservação, uma abordagem em grande escala como essa traz numerosos desafios, sobretudo quando este tipo de tratamento é potencialmente o modelo que norteará os futuros processos de trabalho da instituição.

Nesse contexto, o Laboratório de Conservação e Restauro do CMU estava inserido no projeto para realizar a preparação dos originais para a digitalização, e para tanto, adotou critérios que adequassem o tratamento à entrega de grande número de materiais para a captura digital, mas sem prejuízo da qualidade das ações de conservação.

---

nificativa correspondência trocada entre o senador e Bertha Lutz. Defensor da causa sufragista, Adolpho Gordo sustentou a extensão do direito de voto às mulheres na Comissão de Justiça do Senado. Entre os documentos também está presente sua trajetória profissional como advogado, destacando-se a correspondência com seu sócio Antônio Mercado e pareceres de importantes casos, como o Northern. Há ainda documentação referente a sua vida pessoal e a relação com seus familiares. Sobre Adolpho Gordo, ver: ABREU, Alzira Alves de *et al.* (coords.). *Dicionário Histórico Biográfico Brasileiro – Pós-1930.* Rio de Janeiro: CPDOC, 2010. Disponível em: < http://cpdoc.fgv.br.>. Acesso em 15 jun. 2019.

Embora a participação do laboratório não estivesse muito clara no escopo do projeto, constava a informação de que os documentos deveriam ser previamente tratados no laboratório para garantir a qualidade da digitalização, citando para isso as *Recomendações para Digitalização de Documentos Arquivísticos Permanentes*[2], documento elaborado pelo Conselho Nacional de Arquivos (Conarq), conforme descrito na Etapa II do projeto:

> *ETAPA II - DIGITALIZAÇÃO E TRATAMENTO DOS REPRESENTANTES DIGITAIS*
>
> A etapa consiste na geração de representantes digitais (matrizes digitais e derivadas de acesso) e tratamento das imagens geradas. Para tanto, são propostas as etapas:
>
> 1. Preparação dos documentos a serem digitalizados por parte do Laboratório de Conservação e Restauro do CMU, obedecendo ao Plano de Classificação previamente existente;
>
> 2. Reprodução digital dos itens documentais integrantes do conjunto Adolpho Gordo, levando em conta as determinações emanadas pelo Conselho Nacional de Arquivos (Conarq), por meio das "Recomendações para Digitalização de Documentos Arquivísticos Permanentes" (Resolução nº 31, de 28 de abril de 2010);
>
> 3. Controle de qualidade por meio de análise das imagens gerais e tratamento com softwares específicos livres.[3]

2 CONSELHO NACIONAL DE ARQUIVOS – CONARQ. *Recomendações para Digitalização de Documentos Arquivísticos Permanentes, 2010.* Disponível em: < http://conarq. Arquivonacional.gov.br/images/publicacoes_textos/Recomendacoes_digitalizacao_completa.pdf>. Acesso em: 15 jun. 2019.

3 Para consulta na íntegra ao projeto citado, acessar o site do Programa de Ação Cultural da Secretaria de Cultura do Estado de São Paulo. < http://www.proac.sp.gov.br/proac-editais-editais-e-resultados>

Partindo dessas *Recomendações*, que apontavam para a necessidade de que "o acervo arquivístico selecionado tenha sido previamente higienizado, identificado e organizado (arranjo, descrição e indexação)"[4] antes da digitalização, a equipe do Centro de Memória estabeleceu que a etapa inicial de trabalho seria o diagnóstico do estado de conservação dos documentos para avaliar as reais necessidades de intervenção, aliado a higienização.

O levantamento das condições de degradação era registrado em fichas de conservação com as indicações dos tipos de danos. Como forma de controle do trabalho, foi atribuída numeração provisória a fim de garantir a individualidade do documento dentro das caixas e possibilitar a identificação nas fichas, bem como a posterior descrição arquivística. Essa numeração era atribuída ao item documental, para efeito de contabilidade de tratamentos de conservação e não contemplava o número de folhas que seriam tratadas.

Cabe ressaltar também, que a identificação de danos no diagnóstico foi direcionada para problemas que afetassem a qualidade da digitalização. Dessa forma, os olhares estavam voltados para danos como rasgos, dobras e vincos, ou seja, aos danos decorrentes da ação de forças físicas que impossibilitassem a digitalização em escâner, seja pela possibilidade de causarem novos danos ao original devido ao manuseio para posicionamento no equipamento, seja por não permitirem a leitura da informação e a pesquisa pelo conteúdo do documento com o OCR *(Optical Character Recognition)*.

Paralelamente ao diagnóstico foi feita a higienização de todos os itens documentais para remoção de sujidades e retiradas de corpos estranhos, como grampos e clipes de metal. A limpeza foi feita

4 CONSELHO NACIONAL DE ARQUIVOS – CONARQ, *Op. Cit.*, p. 6.

por varredura, folha por folha com trincha macia e dado o volume da documentação, não foi feita a higienização com pó de borracha, à exceção de três manuscritos que estavam escurecidos por fuligem.

Ambas as ações, diagnóstico e higienização, envolveram as equipes do Laboratório de Conservação e Restauro e do Processamento Técnico e Documentação Digital. Devido à colaboração de outras áreas nessa atividade e dado o grande número de pessoas que não possuíam conhecimento de conservação, foi necessário um treinamento para identificação de danos, higienização e orientações quanto ao uso de EPIs para a proteção da equipe.

Ao final dessa etapa, foram higienizados 5.110 documentos, dos quais 1.537 necessitariam de intervenção antes da digitalização, o que corresponde a pouco mais de 30% do total. Os problemas identificados nesse diagnóstico estão sintetizados no gráfico abaixo e revelam que o dano predominante nos documentos é o rasgo seguido por dobras e vincos.

Gráfico 1. Danos identificados nos documentos.
Fonte: Elaboração própria

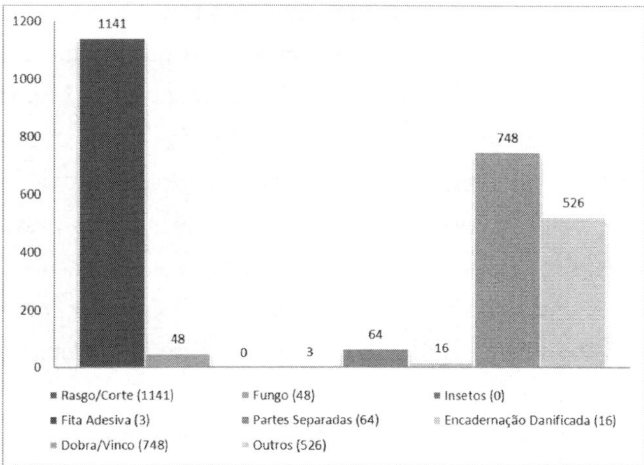

Tais resultados permitiram a interpretação de que a grande causa de problemas nos documentos desse conjunto decorre do manuseio e guarda incorretos. Essa interpretação pode ser respaldada pelo expressivo número de itens de grande formato dobrados e pressionados dentro das caixas. Além disso, o diagnóstico revelou outros pontos importantes.

O primeiro, diz respeito à ocorrência de um pó branco em cerca de 20 encadernados que desencadearam a suspeita de aplicação de veneno, possivelmente para a eliminação de insetos. Diante dessa suspeita e na impossibilidade de fazer análises da composição da substância naquele momento, as obras foram recolhidas para o laboratório sem a higienização, evitando possível contaminação da equipe.

O segundo ponto aborda a possível redução no montante de documentos a serem tratados no laboratório devido à ocorrência de duplicatas e cópias, reduzindo a documentação de 5.110 itens para 4.811. Esse levantamento inicial de cópias implicava que os tratamentos de conservação só poderiam ser realizados após a descrição arquivística, pois esta eliminaria a duplicidade no acervo.

Ainda sobre o diagnóstico, verificamos que a identificação nas fichas de conservação por itens documentais, sem a estimativa do número de folhas, não representava devidamente o trabalho a ser realizado na Conservação. A estimativa pelo número de folhas a serem tratadas seria mais eficiente para planejar as próximas ações no tempo adequado, tornando-se um ponto a ser corrigido. Apresentados os resultados, o Laboratório do CMU deu continuidade ao trabalho dividindo os tratamentos em duas etapas: conservação curativa e restauração.

Na fase da conservação curativa, os tratamentos foram executados apenas pela equipe do Laboratório de Conservação e Restauro e registrados em fichas de acompanhamento. Nos casos em que o documento apresentava avançado estado de deterioração, foram feitos registros fotográficos e o apontamento nas fichas para futuros tratamentos de restauro. Além disso, foi contemplado o número de folhas tratadas, corrigindo o diagnóstico inicial.

As ações de conservação curativa foram norteadas por mínimas intervenções nos documentos, como pequenos reparos e aplanamento, de modo a estruturá-los para a digitalização. Sendo assim, foi definido que pequenos rasgos e vincos leves, sobretudo em áreas sem informação, não seriam reparados desde que o manuseio e o posicionamento na mesa do escâner não prejudicassem o suporte.

Figuras 1 e 2. Exemplos de danos reparados.
Fonte: Elaboração própria

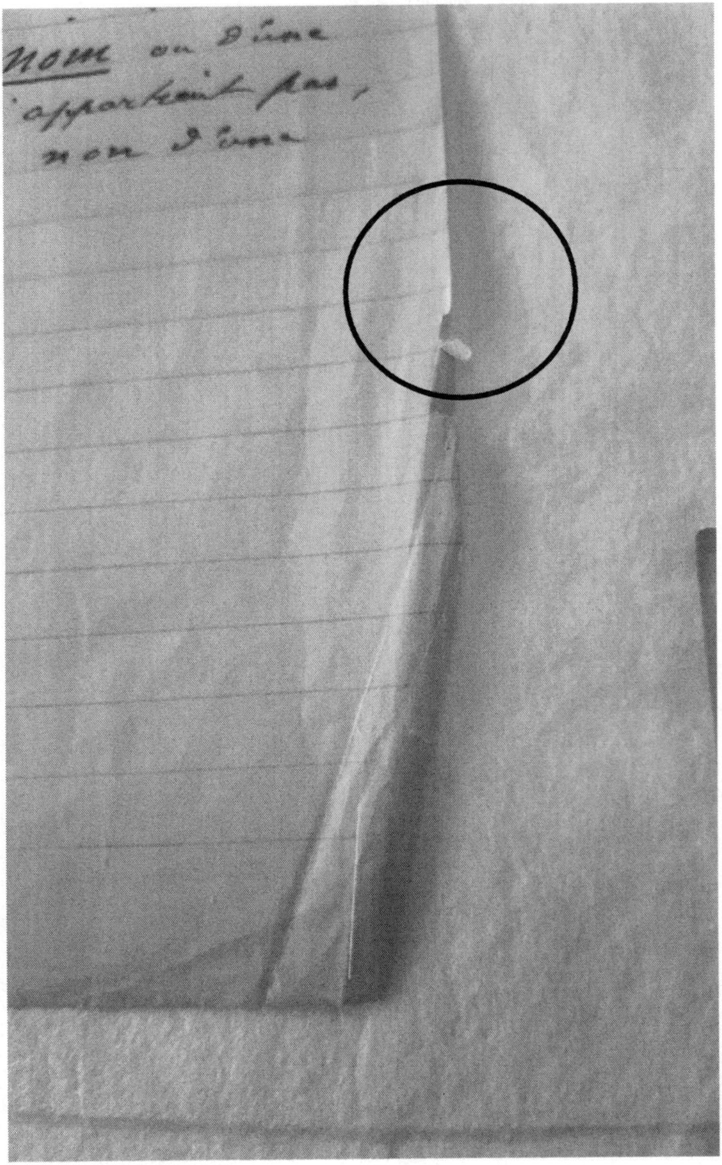

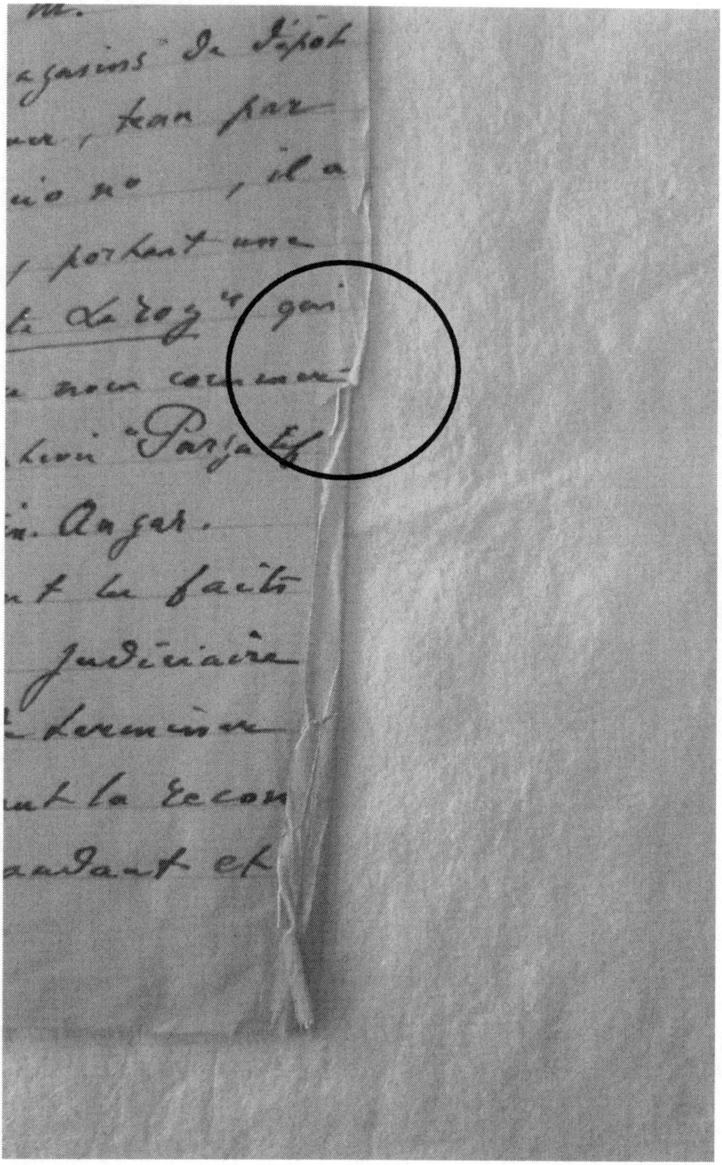

Figura 3. Exemplo de danos não reparados.
Fonte: Elaboração própria

A adoção desses critérios, que permitiam a não intervenção em alguns documentos, causou certo desconforto na equipe de conservação, uma vez que tal decisão poderia entrar em discordância com código de ética da profissão, visto que a aplicação dessas diretrizes poderia negligenciar a preservação dos documentos, contrariando as *Recomendações para Digitalização de Documentos Arquivísticos Permanentes* do Conarq, que ressaltam a importância da conservação convencional.

> Importante destacar que as ações de digitalização não devem ser realizadas em detrimento das ações de conservação convencional dos acervos custodiados por instituições arquivísticas, por serem inalienáveis e imprescritíveis, conforme preconiza o artigo 10º da Lei Federal no 8. 159/1991.[5]

5 CONSELHO NACIONAL DE ARQUIVOS – CONARQ. *Op. Cit., p.* 4.

No entanto, a equipe se valeu de experiências relatadas no *Archives Conservation Discussion Group*, em que foram adotadas as mesmas práticas em projetos de digitalização em larga escala, conforme apontado no artigo *Digitization and Its Effect on Conservation Treatment Decisions: How Has Wide-Spread Digitizing of Collections Changed Our Approach to Treatment?*

> Ultimately these factors led us to adopt a very minimal approach to stabilization with a basic goal of ensuring safe handling and legibility. Most of the work is carried out by student assistants working under the supervision and guidance of the two conservators. Individual items are surface-cleaned only if the dirt obscures text or has the potential to rub off on hands or equipment. Only tears that are likely to become worse with handling are repaired. We roughly define this as tears greater than 2 cm in length, along folds, or extending into the text or image area.[6]

Entretanto, mesmo respaldados por tais referências para o estabelecimento das diretrizes, quando foi realizado um levantamento comparativo entre os tratamentos estimados no diagnóstico e os

6 MILLER, Laura O'Brien *et al.*. Archives Conservation Discussion Group 2011: Digitization and Its Effect on Conservation Treatment Decisions: How Has Wide-Spread Digitizing of Collections Changed Our Approach to Treatment? *In: Book and Paper Group Archives Conservation Discussion Group, 30, 2011. AIC Annual Meeting, p.* 115-127. Disponível em: <http://cool.conservation-us.org/coolaic/sg/bpg/annual/v30/bp30-17.pdf>. Acesso em 15 jun. 219. Tradução livre: Por fim, esses fatores nos levaram a adotar uma abordagem de intervenção mínima para a estabilização com o objetivo básico de garantir a segurança no manuseio e sua legibilidade. A maior parte do trabalho é realizada por estudantes que trabalham sob a supervisão e orientação de dois conservadores. Individualmente os itens passam por uma limpeza de superfície apenas se a sujeira encobrir o texto ou tiver o potencial de migrar para as mãos ou para o equipamento. Apenas os rasgos que podem piorar com o manuseio são reparados. Definimos isso como rasgos com mais de 2 cm de comprimento, ao longo de dobras ou estendendo-se para a área do texto ou imagem.

realizados na fase da conservação curativa, verificou-se que os números de intervenções efetuadas eram superiores às previstas. Tal quadro gerou duas possibilidades de interpretação. A primeira, de que o treinamento para identificação de danos não foi totalmente eficiente e a outra de que a lógica de tratamento dos conservadores precisava ser revista ou minimamente passar por uma reflexão, mudando o paradigma da intervenção completa para o preparo mínimo dos documentos para a captura de imagens.

De acordo com o quadro apresentado abaixo, de um total de 15 caixas tratadas, no período de novembro de 2018 a janeiro de 2019, verificamos que durante a etapa 1 (Diagnóstico e Higienização) foram identificados 259 documentos com danos que impediriam a digitalização, porém os números apontados na etapa 2 (Conservação Curativa) revelavam um aumento aproximado de 30%, com 341 documentos tratados.

Analisando esses dados e as possíveis interpretações, verificamos que as duas possibilidades para o aumento nos tratamentos realizados são coerentes, no caso do treinamento para o diagnóstico deve-se levar em conta possíveis margens de erros, visto tratar-se de uma equipe numerosa e pouco experiente na identificação de danos. Contudo, as posturas dos conservadores também devem ser levadas em conta para a análise desse aumento, tendo em vista que essa metodologia não está totalmente consolidada.

Figura 4. Quadro comparativo de tratamento estimado e tratamento realizado. Fonte: Elaboração própria

TOTAL DE CAIXAS	NÚMERO DA CAIXA	ETAPA 1		ETAPA 2		ETAPA 3
		DOCUMENTOS POR CAIXA	DOCUMENTOS COM DANOS	DOCUMENTOS TRATADOS	FOLHAS TRATADAS	DOCUMENTOS PARA RESTAURAÇÃO
15	1	14	5	7	16	
	2	69	28	46	174	
	3	62	10	29	95	
	4	468	2	14	14	
	5	136	50	50	50	
	6	167	32	32	32	
	7	14	5	5	59	
	9	44	2	2	2	
	11	76	1	23	34	
	12	76	4	8	11	
	13	52	13	16	30	
	17	97	45	55	97	
	20	20	12	10	72	
	27	18	5	6	111	
	59	115	45	38	10	8 (jornais)
	TOTAL	1428	259	341	807	8

A reflexão sobre estes resultados foi um aprendizado para a equipe de conservação que a partir de então estabeleceu um diálogo que garantisse a unidade no tratamento de um conjunto documental, usando mesmas técnicas, materiais e critérios. Desse modo, foi possível concluir a etapa da conservação curativa no final de maio de 2019, atendendo os prazos planejados.

A etapa seguinte, ainda em andamento, foi a restauração dos documentos considerados em condições de deterioração crítica na etapa anterior. Segundo essa identificação, grande parte dos materiais que necessitam de intervenções emergenciais de restauro eram jornais. Esse tipo de material apresenta qualidade inferior na composição do suporte, geralmente papel de pasta mecânica com alto teor de lignina, que quando exposto a condições externas desfavoráveis tem sua deterioração acelerada. Era o caso dos jornais do conjunto Adolpho Gordo, que estavam armazenados incorretamente, dobrados e pressionados em caixas de papelão.

A restauração desses jornais, não contemplada na elaboração do projeto, compreendeu o tratamento aquoso para limpeza e desacidificação do papel, seguido de reparos ou laminação com papel japonês em mesa de sucção, garantindo a estruturação e estabilização do suporte. Cabe ressaltar que nessa etapa, assim como nas demais, foram respeitados os princípios de mínima intervenção e removibilidade dos materiais e dos processos executados.

Embora o projeto não esteja finalizado, cabem algumas conclusões a respeito do trabalho realizado. Entre elas, a consideração de que o diálogo não apenas entre os membros da equipe de conservação, mas também entre os setores dentro da instituição é importante. A comunicação entre as áreas revelou-se essencial desde a elaboração do projeto até a sua execução, pois em grande medida define a viabilidade de execução do trabalho dentro dos prazos pré-estabelecidos.

Outra consideração importante envolve os dilemas do conservador frente às demandas de rápido acesso à documentação, tendo em vista a disponibilização dos documentos em formato digital. Se por um lado, documentos digitalizados garantem a preservação dos originais, pois retiram de circulação e manuseio os mesmos, por outro para que sejam digitalizados é necessário um esforço da área de conservação para que não sejam abandonados os tratamentos convencionais que garantem a integridade do documento original.

Esse equilíbrio exigiu do conservador uma mudança na compreensão do fluxo de trabalho, bem como da visão de tratamento até então adotada, que tiveram de ser ajustadas ao volume de documentos a serem preparados e a forma intensa de circulação dos mesmos no laboratório. Dessa forma, com este artigo procuramos descrever os processos adotados para o tratamento de conservação de grande volume de documentos visando à digitalização, mas sem o prejuízo da preservação dos originais, conciliando as demandas de acesso da instituição e as obrigações do conservador-restaurador.

Referências Bibliográficas

ABREU, Alzira Alves de *et al.* (coords.). *Dicionário Histórico Biográfico Brasileiro – Pós-1930.* Rio de Janeiro: CPDOC, 2010. Disponível em: < http://cpdoc.fgv.br.>. Acesso em 15 jun. 2019.

CARVALHO, Bruno Leal Pastor de. Digitalização de jornais: uma reflexão sobre desafios e melhores práticas. *Acervo:* Revista do Arquivo Nacional, Rio de Janeiro, vol. 29, n° 2, p. 89-102, jul. 2016. Semestral.

CONSELHO NACIONAL DE ARQUIVOS – CONARQ. Recomendações para Digitalização de Documentos Arquivísticos Permanentes, 2010. Disponível em: < http://conarq. Arquivonacional. gov.br/images/publicacoes_textos/Recomendacoes_digitalizacao_completa.pdf>. Acesso em 15 jun. 2019.

MILLER, Laura O'Brien *et al.*. Archives Conservation Discussion Group 2011: Digitization and Its Effect on Conservation Treatment Decisions: How Has Wide-Spread Digitizing of Collections Changed Our Approach to Treatment? *In: Book and Paper Group Archives Conservation Discussion Group, 30, 2011. AIC Annual Meeting, p.* 115-127. Disponível em: <http://cool. conservation-us.org/coolaic/sg/bpg/annual/v30/bp30-17.pdf>. Acesso em 15 jun. 2019.

Elementos de descrição para arquivos municipais

Antonio Carlos Galdino

A importância de se refletir para a formulação de um modelo de descrição para os arquivos de governos municipais se dá em função da relevância destes últimos como fontes para a história da sociedade brasileira, uma vez que as instituições políticas de governo local estão entre as mais antigas do país, de modo que tais arquivos constituem fontes potenciais para pesquisas ainda pouco exploradas.

Embora saibamos que provavelmente grande parte dos acervos arquivísticos dos municípios mais antigos do país tenham se perdido, é preciso preservar e prover acesso da melhor forma possível aos documentos remanescentes a pesquisadores e público em geral com interesse potencial nessas fontes de conhecimentos e provas. A produção de instrumentos descritivos ou, segundo a terminologia mais usual, de instrumentos de pesquisa, é, a nosso ver, uma estratégia importante para dar visibilidade pública e atrair a atenção de pesquisadores e de outros interessados em tais acervos.

Obviamente, dentro dessa estratégia as modernas tecnologias de informática e comunicação constituem hoje em dia os marcos do trabalho descritivo para as instituições arquivísticas e seus profissionais, propiciando-lhes oportunidades e desafios de construção de instrumentos de pesquisas dinâmicos *on-line*, muito mais eficazes que os tradicionais instrumentos impressos.

O principal exemplo de ferramenta informatizada de descrição crescentemente adotada pelas instituições arquivísticas no Brasil e em diversos outros países é o software *open source* AtoM, que incorpora diversas normas de descrição arquivística, incluindo as do Conselho Internacional de Arquivos.[1]

O objetivo deste artigo é apresentar alguns elementos para um modelo de descrição que possa ser aplicado aos arquivos de governos municipais do Brasil,[2] exemplificado com o tratamento de um conjunto específico de documentos relacionados ao controle de edificações, cujas custódias pertencem às duas instituições arquivísticas públicas locais, o Arquivo Municipal de Campinas, que é responsável pelos arquivos do Poder Executivo, e o Arquivo Público da Câmara Municipal.

Contudo, para a apresentação do caso prático, que busca explorar todo o potencial oferecido pelo AtoM, seremos obrigados a uma incursão teórica e metodológica prévia no terreno dos princípios, das práticas, dos produtos da descrição arquivística. O primeiro motivo para tal incursão é a necessidade de que se esclareça que o trabalho com as categorias metodológicas da descrição arquivística independe do uso de qualquer ferramenta tecnológica. Dentro da reflexão da Arquivologia atual, aborda-se modelos conceituais, sistemas de descrição ou documenta-

1 Informações sobre o AtoM podem ser obtidas em https://www. Accesstomemory.org/pt-br/.

2 A literatura historiográfica e a arquivística reconhecem a uniformidade em escala nacional da organização institucional dos municípios brasileiros desde o período colonial, de modo que se pode encontrar praticamente as mesmas funções e tipologias documentais em todos eles (ainda que os acervos remanescentes não contenham todos as séries produzidas em razão de perdas e destruição intencional). Dessa maneira, os elementos aqui esboçados são aplicáveis, nos seus traços centrais, em todos os arquivos governamentais de municípios com as devidas adaptações.

ção, que dizem respeito ao conteúdo e aos produtos do trabalho descritivo, finalidades onde a tecnologia figura como meio.

Outro motivo para se esclarecer questões conceituais e metodológicas no campo da descrição relaciona-se à constatação de que o modelo adotado determina decisivamente o alcance e o sucesso da empreitada descritiva, possibilitando-lhe de forma metódica a acurácia na construção da representação de conjuntos documentais e o aperfeiçoamento contínuo desta representação por meio de correções e acréscimos nos instrumentos descritivos ou, ao contrário, no limite, a fabricação de uma representação falha ou mesmo falseada. Dito de outro modo, os princípios de descrição adotados e as metodologias deles decorrentes não são neutros nos seus resultados. [3]

A razão mais importante, entretanto, refere-se ao contexto da transição de paradigmas que a Arquivologia vive nas últimas décadas nesse campo, e que se manifestou e ainda se manifesta, por exemplo, no longo processo de elaboração e reelaboração das normas internacionais de descrição arquivística no âmbito do Conselho Internacional de Arquivos. Aqui chegamos ao ponto principal de nosso interesse: um dos aspectos dessa transição é a ruptura da abordagem tradicional pela abordagem relacional de descrição.[4]

A seguir, serão apresentadas, de forma bastante sumária, as diferenças entre as duas abordagens de descrição e na seção se-

3 Cf. DUFF, W. M. e HARRIS, vol. *Stories and Names*: Archival Description as Narrating Records and Constructing Meanings. *Archival Science*; vol. 2, 2002, p. 263-285.

4 Sobre os problemas e evoluções no campo da descrição veja YEO, G. Debates em torno da descrição. In: EASTWWOOD, T. e MACNEIL, H. *Correntes atuais do pensamento arquivístico*. Belo Horizonte: Editora UFMG, 2017, p. 135-169.

guinte exemplificaremos a sua aplicação concreta na formulação de elementos de um modelo de descrição para municípios.

Descrição arquivística relacional

O princípio teórico mais caro à Arquivologia pode ser resumido da seguinte forma: os documentos são artefatos sócio-históricos que são parte e produtos das atividades coletivas, de maneira que a sua inteligibilidade enquanto fontes para o conhecimento tem como requisito a identificação das interrelações oriundas de seus contextos sociais e históricos.

Desse modo, a finalidade principal da descrição arquivística é tornar os documentos por ela abrangidos acessíveis ao uso, assim como tornar conhecidos a natureza e o conteúdo de tais documentos por meio do seu agrupamento em unidades significativas.[5] As "unidades significativas" de agrupamento representam formalmente no sistema descritivo as interrelações entre os documentos, funcionando como indexadores capazes de apresentar ao consulente, por meio de listas e diagramas, conjuntos e itens documentais que potencialmente oferecem conteúdos relevantes ao questionário que motivou a consulta.[6]

5 Este parágrafo se apropria das definições de arranjo de SCHELLENBERG, T. R. *Documentos Públicos e Privados: Arranjo e Descrição.* 2ª ed. Rio de Janeiro: Fundação Getulio Vargas, 1980, *p.* 89. A concepção de descrição adotada neste texto inclui a operação de arranjo no caso dos documentos em suporte papel. Sobre este ponto veja YAKEL, E. Archival Representation. *Archival Science,*2003; 3, 1; p. 1-25.

6 Neste sentido, a apresentação de documentos inter-relacionados nos instrumentos descritivos através de elementos de indexação é uma ferramenta de *heurística documental.* Um software como o Atom permite a busca por palavra, de modo que é possível recuperar em buscas livres documentos que se relacionam a temas de interesse do consulente pertencentes a fundos diferentes. No entanto, a busca livre recupera uma relação não estruturada, isto é, a relação entre documentos é evidenciada

O princípio central da descrição arquivística é o de que se deve descrever arquivos nos seus contextos de produção, uso e controle por meio da sua proveniência, isto é, da organização (pública ou privada) ou pessoa que produziu os arquivos em razão de suas atividades cotidianas. A entidade de proveniência estabelece o primeiro enquadramento em uma "unidade significativa" que demarca o inter-relacionamento entre documentos e o princípio estruturador de indexação dos arquivos.[7]

Na abordagem tradicional da Arquivologia, a proveniência é concebida como um princípio organizativo dos documentos, conhecido como *respeito ao fundo*, por meio do qual uma proveniência é representada fisicamente nas estantes pelo agrupamento dos documentos em suporte papel que tem a mesma origem, isto e, mesmo órgão produtor. Estabelecida no século XIX, a regra metodológica do *respeito ao fundo* é aparentemente simples e prática: todos os documentos do mesmo fundo (proveniência) devem ficar agrupados e não devem ser misturados a documentos de outros fundos.[8]

Um ponto essencial a salientar sobre a abordagem tradicional na qual se concebe o fundo arquivístico como entidade física, é que nela também as fronteiras das inter-relações entre documentos do instrumento descritivo coincidem com as

---

inteiramente a posteriori por uma heurística documental decorrente do conhecimento e erudição pessoal do consulente.

7 Nunca é demais enfatizar que não se trata da classificação por assuntos ou indexação temática, embora tais estratégias de recuperação possam ser utilizadas, desde que condicionadas a um sistema descritivo onde os contextos de produção, uso e controle dos documentos constituam a estrutura primária de representação das inter-relações entre os documentos.

8 Sobre esse tema veja DOUGLAS, J. Ideias em evolução sobre o princípio da proveniência. In: EASTWWOOD, T. e MACNEIL, H. *Correntes atuais do pensamento arquivístico*. Belo Horizonte: Editora UFMG, 2017, p. 47-74.

fronteiras do fundo. Tais fronteiras são demarcadas na forma de uma taxonomia mono hierárquica, onde no topo, a categoria mais abrangente é o produtor do fundo, e na base se encontram os itens ou unidades documentais simples, com unidades intermediárias entre o topo e a base, as seções, séries e subséries. No interior da representação taxonômica do fundo, cada item documental ocupa uma única posição e se desenha uma relação unívoca entre documento e fundo, em que cada documento e respectiva série documental deveria pertencer exclusivamente a um único fundo.[9]

O princípio da proveniência não se esgota na representação do órgão produtor de um arquivo. É complementado pelo princípio da ordem original, isto é, de que há uma ordem em que documentos foram produzidos e acumulados e que essa ordem pode ser encontrada, segundo a formulação mais antiga do princípio, nos sistemas de registros (ou protocolos) e classificação da administração governamental, devendo ser mantida ou restaurada quando necessário. Onde não existem tais sistemas ou não são suficientemente organizados, a aplicação da ordem original tende a se tornar mais problemática.

No entanto, deve-se reconhecer na noção de ordem original o valor indispensável de indicar as agregações particulares de documentos decorrentes das atividades de que fazem parte. Esse reconhecimento se dá na prática de arranjo ao se utilizar a série

9 É a representação do que a ISAD (apêndice A-1) conceitua como descrição multinível em que o fundo contém seções, que contém séries, que contém subséries, que contém dossiês/processos, abaixo dos quais se encontram os itens. No AtoM, coerentemente com a abordagem físicodescritiva tradicional, a cada fundo é representado na forma gráfica similar a um diretório de computador, com subdiretórios e arquivos, de modo que somente há relações estruturadas por proveniência entre as entidades documentais contidos no mesmo diretório-fundo.

documental como o recurso organizativo que permite representar uma agregação específica de documentos em uma ordem evidenciada ou presumida.[10]

A abordagem tradicional da proveniência tem sido objeto de debates nas últimas décadas. A crítica principal é a de que, como princípios organizativos, o respeito ao fundo e a ordem original funcionam em boa medida quando aplicados a conjuntos documentais fechados de organizações ou instituições extintas. Quando se trata de organizações que ainda em atividade ou que sofreram muitas mudanças em suas atribuições e em sua estrutura administrativa, ou seja, em ambientes onde predomina a mudança organizacional, tais princípios apresentam contradições crescentes na sua aplicação e perdem a acurácia na representação da complexidade e riqueza do fenômeno da proveniência e ordem original que tais ambientes apresentam.[11]

10 Não há um consenso sobre uma definição de série documental na literatura arquivística. A definição mais antiga é como mencionamos no texto é a baseada nos sistemas de protocolo e classificação. A abordagem tipológica surgida nas últimas décadas no intercâmbio entre *Arquivologia* espanhola e brasileira é a adotada no Arquivo Municipal de Campinas e Arquivo Público da Câmara de Campinas. Para uma apresentação sintética e clara do conceito de série na abordagem da tipologia documental veja-se RODRIGUEZ, S. M. T. A Tipologia Documental como instrumento para a seriação de documentos. In: VALENTIM, Marta Lígia Pomim (org.). *Estudos avançados em Arquivologia*. Marília, Oficina Universitária; São Paulo: Cultura Acadêmica, 2012, p. 243-258.

11 A crítica pioneira é o artigo do arquivista australiano Peter Scott, publicado em 1966: SCOTT, P. J. *The Record group concept: a case for abandonment*. In: CUNNINGHAM, A. (ed.) The Arrangement and Description of Archives Amid Administrative and Technological Change: essays and reflections by and about Peter J. Scott. Brisbane, Australian Society of Archivists, 2010, p. 97-107. Para uma defesa da abordagem tradicional, veja-se o clássico DUCHEIN, M. O Respeito aos Fundos em Arquivística: princípios teóricos e problemas práticos. *Arquivo & Administração*, Rio de Janeiro, p. 14-33, abr. 1982.

Uma das formulações mais interessantes que emergiu dos debates em torno da aplicação prática do princípio da proveniência é a de que o fundo deve ser entendido como um *construto abstrato* e não como uma entidade física, acolhendo as constatações de que documentos e séries documentais podem estar relacionadas a mais de uma entidade de proveniência no decorrer do tempo ou de forma sincrônica.[12]

A influência pioneira sobre o debate conceitual e a revisão das práticas relativas ao conceito de fundo veio da abordagem relacional de descrição arquivística, originalmente conhecido como Sistema Australiano de Séries. Nesse modelo, a série documental foi adotada como maior unidade de agrupamento físico e não mais o fundo (ou qualquer outra denominação que se dê um grupo documental originado de uma proveniência única).[13] Desse modo, de um lado, a série funciona simultaneamente como maior unidade de representação descritiva por meio do arranjo físico, e de outro, os órgãos produtores de arquivos passam a ser representados intelectualmente no instrumento descritivo e não mais no arranjo físico. Por sua vez, a descrição dos elementos contextuais é realizada separadamente da descrição dos documentos.

No desenho inicial do modelo australiano, os elementos contextuais consistiam nas tradicionais entidades de proveniências, as organizações e seus órgãos (mas também famílias e pes-

12 Veja COOK. T. *O conceito de fundo arquivístico: teoria, descrição e proveniência na era pós-custodial*. Rio de Janeiro: Arquivo Nacional, 2017.

13 Para uma análise abrangente sobre esse ponto veja YEO, G. Debates em torno da descrição. In: EASTWWOOD, T. e MACNEIL, H. *Correntes atuais do pensamento arquivístico*. Belo Horizonte: Editora UFMG, 2017, p. 135-169. Para uma apresentação mais específica veja HURLEY, C. What, if anything, is the Australian "Series" System. figshare, 9 nov. 2017 (b). Disponível em: <https://monash.figshare.com/articles/ What_if_anything_is_the_Australian_Series_System/4004511/2>. Acesso em 17 fev. 2019.

soas); posteriormente, foram reconhecidas também as funções como elementos de contexto, que cumprem o papel de indexar diacronicamente órgãos administrativos.

Cabe duas observações para concluir a apresentação resumida sobre o modelo relacional. Primeiro, o argumento decisivo para a adoção da série como unidade de controle documental é o de que as séries possuem tempo de vida que ultrapassa, ou não coincide, com o tempo de vida de um ou mais de seus produtores.[14] Esse argumento põe em relevo o aspecto diacrônico, isto é, a representação do tempo no instrumento descritivo, que não está presente na abordagem tradicional, a qual, como regra geral, se produz uma representação sincrônica-estática dos contextos de produção e uso de conjuntos documentais. Como veremos na próxima seção, quando o objeto de documentação é o acúmulo de conjuntos documentais com dezenas ou uma centena de anos, a acurácia da descrição das relações contextuais dos documentos depende de que se represente as mudanças das entidades contextuais no tempo.

O outro ponto a mencionar, é o de que a abordagem relacional levou às últimas consequências a ideia, que aparece de forma incipiente no pensamento arquivístico tradicional, de que as correlações entre documentos com as estruturas administrativas são mediadas pelas funções atribuídas a estas. É o princípio da "soberania" funcional sobre os documentos ou na expressão de Margareth Norton, "records follow functions".[15] A produção de documentos,

14 Cf. SCOTT, P. *J*, *Op. Cit.*, p. 99.

15 A formulação pioneira e a referência à expressão de Margareth Norton está em SCOTT, P. *J*, FINLAY, G.; SMITH, C. D. e ROOWELL, H. *Archives and Administrative Change: some methods and approaches - part 2: Effects of administrative Change on records in government Departments.* In: CUNNINGHAM, A. (ed.) *Op. Cit.*, p. 134-149.

os sistemas de controle documental e as séries acumuladas seguem a transmissão de funções entre unidades administrativas. Também as relações de sucessão entre séries extintas e séries que as sucedem na realização das mesmas atividades, podem ser formalizadas por meio da descrição de funções como entidades de indexação. Desse modo, as funções tornaram-se elas próprias, entidades de contexto na abordagem relacional com a finalidade de indexar unidades administrativas e séries documentais.[16]

Basicamente, a abordagem relacional pode ser aplicada pela utilização combinada das normas ISAD(G), ISAAR(CPF) e ISFD; observando-se que a ISAD(G) deve ser relida sob a ótica dessa outra abordagem, embora tenha sido pois originalmente elaborada expressando a visão tradicional do fundo como entidade físico-descritiva.

Controle de edificações em Campinas

Enfocaremos a seguir o tratamento descritivo com a abordagem relacional de parte dos documentos do governo municipal de Campinas, relacionados ao controle sobre as edificações particulares. Esta competência coube aos governos locais no Brasil desde o período colonial, relativamente às povoações e, posteriormente, cidades, de modo que os documentos por eles criados e acumulados nessas atividades do território municipal, abrangem eventualmente, centenas de anos, como é o caso de Campinas que se tornou município em 1797.[17]

---

16 HURLEY, C. What, if anything is, a function? Figshare, 25 out. 2016(a). Disponível em: <https://monash.figshare.com/articles/What_if_anything_is_a_function_/4060038/1>. Acesso em 11 abr. 2019.

17 A denominação original do município de Campinas era Vila de São Carlos. Somente em 1842 recebeu a denominação atual, por meio da lei provincial nº 5 de 5 de fevereiro.

Nós a trataremos como uma função para simplificação da exposição, embora a sua longevidade indique uma variedade de contextos social-históricos, políticos e administrativos, mesmo no caso de um único município, que mereceria uma discussão mais pormenorizada, o que não é possível nos limites deste pequeno trabalho. Nas Ordenações do Reino de Portugal, já se encontravam regras para o *controle de edificações.*[18] Sob a Monarquia, a Lei de organização das câmaras municipais de 1828, repete as determinações das Ordenações e, nela se encontra discriminado como atribuição dos governos municipais o "asseio, segurança, elegância e regularidade externa dos edifícios e ruas das povoações" e que "sobre estes objetos formarão as suas posturas".[19] Nos Códigos de Posturas de Campinas de 1858, 1864, 1872 e 1880 constam regulamentos sobre a construção e reforma de edificações.[20]

Em 1891, sob o recém-instalado regime republicano, uma resolução da municipalidade estabelecia que "o lugar de engenheiro da Intendência Municipal acumula de ora em diante todas as atribuições de arruador a que se refere o código de posturas em seu título I sobre as edificações e alinhamentos de rua etc. artigos 1, 2 e 3".[21] O Código de Posturas de 1880, elaborado durante a Monarquia teve seu título sobre edificações somente

18 MACEDO, D. M. *A urbanização das "Ordenações do Reino"*. Paranoá, Brasília, nº 13, 2014, p. 17-26. Disponível em: https://doi.org/10. 18830/ issn. 1679-0944.n13. 2014. 12043. Acesso em 13 maio 2019.

19 Art. 71, Título II, Posturas Policiais. Sobre a recepção do titulo 86 das Ordenações Filipinas, de 1603 na Lei das Câmaras de 1828, veja MACEDO, D. M. *Op. Cit.*, p. 20.

20 A transcrição desses códigos consta nos livros da série Registro de códigos de posturas e leis diversas, 1876-1907. Arquivo da Câmara Municipal de Campinas. Estão disponíveis em: http://arq-camp.campinas.sp.gov.br/.

21 Resolução nº 67 de 3 de agosto de 1891.

alterado em 1895.[22] Posteriormente, o controle de edificações será objeto do Código de Construções da década de 1930.[23]

As séries abaixo foram produzidas no exercício da função *controle de edificações*, desde o período colonial e monárquico. No Arquivo da Câmara Municipal de Campinas encontram-se três séries:

(1) *Autos de correição de Juiz Almotacé*, com datas-limite: 1805-1828

(2) *Autos de audiência de Juiz Almotacé*, com datas-limite: 1807-1828

(3) *Termos de arruação e posse de cartas de data de terra*, com datas-limite: 1829-1859.[24]

Duas séries completam o quadro no período republicano sob custódia e gestão do Arquivo Municipal de Campinas:

(4) *Processos de licença para obras particulares de edificações*, com data limite inicial de 1893. [25]

(5) *Livros de Registro de Construtores*, com datas-limite: 1923–1977.

O problema central para a acurácia descritiva no caso em foco é de que forma a descrição deve permitir representar formalmente as séries (1), (2), (3), (4) (5) garantindo que a interre-

22 Lei nº 43 de 27 de agosto de 1895.

23 Trata-se do Decreto nº 76 de 1934.

24 A série é formada por três livros. Não temos informação sobre a data-limite de 1859. Ou registros posteriores se perderam ou, por hipótese, podem ter sido lançados nas atas da Câmara a partir dessa data.

25 Esta série constitui a única série aberta dentre as cinco mencionadas neste artigo. Centenas de milhares de processos produzidos de 1893 a 2003 estão recolhidos no Arquivo Municipal, sendo majoritariamente documentos de edificações existentes, que ainda possuem valor administrativo. Os processos de anos posteriores a 2003 encontram-se em arquivo corrente do Departamento de Uso e Ocupação do Solo da atual Secretaria de Planejamento e Desenvolvimento Urbano.

lação entre elas possam ser identificadas por meio de elementos estruturados de indexação.[26]

Uma observação preliminar é o fato de que se trata de cinco séries custodiadas separadamente em duas instituições arquivísticas e de que a abordagem relacional permite que todas elas estejam representadas no mesmo instrumento descritivo, neste caso, um sistema informatizado de descrição baseado no AtoM.

Fundos

Do ponto de vista das mudanças administrativas do governo municipal de Campinas, decorrentes de rupturas político-institucionais que cobrem dois séculos de história do país e que são comuns a todos os municípios mais antigos, pode-se distinguir dois grandes períodos: o primeiro se caracteriza pelo governo camerário ou colegiado, onde não existia a divisão de poderes da doutrina liberal clássica nos governos municipais e abrange o período colonial e o monárquico, de 1798 a 1892; o segundo período, após a implantação da República, inicia-se em 1893, (e que, por simplificação, assumiremos como perdurando até os dias de hoje), no qual a separação de poderes passa a configurar a organização de governo em Campinas.

No primeiro período, podem ser observadas três configurações institucionais de governo local distintas que correspondem à Colônia, à Monarquia e à breve fase de transição institucional entre a queda do Segundo Reinado e a vigência da Constituição de 1891:

26 Há outras séries que estão relacionadas à função *controle de edificações*, como por exemplos as atas da câmara do período monárquico. No entanto, para efeito de simplificação da exposição, elas não serão analisadas.

(1a) Câmara do período colonial (1797-1828);[27]

(2a) Câmara do período monárquico (1829-1890);

(3a) Conselhos de intendentes (1890-1892).

Essas configurações podem ser compreendidas como três fundos, uma vez que tem diferenças de atribuições e competências e formas diferentes de constituição de seus mandatos, correspondem a quadros jurídicos distintos. A câmara colonial possuía também atribuições judiciárias e policiais, sendo eleita entre uma elite reduzida designada como "homens bons". Após a Independência, a Lei de Organização das Câmaras Municipais de 1828, alterou substancialmente o quadro dos governos locais, algo que a Constituição de 1824 não havia feito, instituindo a tutela do governo provincial e geral sobre as câmaras municipais, fixando-lhes caráter de "corporações meramente administrativas não exercendo jurisdição alguma contenciosa" e "subordinadas aos presidentes das províncias, primeiros administradores delas".[28] O Ato Adicional de 1834, alterou a Lei de 1828 ao subordinar as câmaras municipais ao poder legislativo provincial, criado por essa mesma lei, atribuindo a função legiferante da esfera municipal a este último.[29] Os conselhos de intendência em São Paulo foram as formas transitórias de governo local, nomeados pelo governo estadual e em funcionamento até entrada em vigor da nova constituição republicana.[30]

---

27 A alteração da estrutura e funcionamento das câmaras municipais após a Independência, com as consequentes modificações nos tipos documentais produzidos, somente acontece pela Lei de Organização das Câmaras de outubro de 1828.

28 Artigos 24 e 78, respectivamente, da Lei de Organização das Câmaras Municipais de 1828.

29 Artigo 10, parágrafo 4º, lei nº 16, de 12 de agosto de 1834.

30 Os Conselhos de Intendência foram instituídos pelo decreto estadual nº 13 de 15 de janeiro de 1890.

O que há em comum nessas três configurações é a forma colegiada de deliberação sobre os assuntos administrativos e uma especialização burocrática limitada, embora exista certa distribuição de competências entre agentes distintos, previstos tanto nas Ordenações do Reino, quanto na Lei de organização das câmaras municipais de 1828.

O problema neste ponto consiste na perda de relação entre as séries (1) e (2) cuja proveniência é (1a) e a série (3), cuja proveniência é (2a). E na impossibilidade de relações com eventuais séries de (3a).

A divisão em três fundos poderia ser minorada, por exemplo, ao se optar por considerar a existência de um único fundo Câmara Municipal do período pré-republicano, dividindo-o talvez em duas seções, o período colonial e o monárquico. No entanto, para manter a inter-relação entre documentos da função *controle de edificações*, essa solução obrigaria a arranjar duas subseções funcionais idênticas em cada seção desse fundo. Por outro lado, se perderiam as relações entre documentos produzidos até o final da Monarquia (séries 1, 2 e 3) e os produzidos tanto durante o Conselho de Intendentes e pelo poder executivo a partir da República (séries 4 e 5).

O segundo período, iniciado após a entrada em vigência na Constituição de 1891, caracteriza-se pela criação do poder executivo municipal, separado do legislativo, em todos os municípios do Estado de São Paulo.[31] Pode-se identificar pelo menos oito configurações distintas do poder executivo em Campinas desde a sua criação até a segunda metade do século XX.

31 Sobre a organização municipal até a década de 1930 ver TELAROLLI, R. *A organização municipal e o poder local no Estado de São Paulo, na Primeira República*. Tese (doutorado) - Universidade de São Paulo, Departamento de História, São Paulo, 1981.

(4a) Intendência trina (1893)

(5a) Intendência Municipal (1894-1907)

(6a) Prefeitura (1908-1910)

(7a) Prefeitura (1911-1930)

(8a) Prefeitura (1930-1936)

(9a) Prefeitura (1936-1937)

(10a) Prefeitura (1938-1947)

(11a) Prefeitura (1948-)

Há razões para justificar essa divisão das instituições do poder executivo em pelo menos oito produtores de fundos, pois em todas elas há mudança de atribuições e modo de funcionamento e autonomia.[32] Instituído em Campinas no final de 1892, juntamente com a Câmara Municipal como poder legislativo, durante o ano de 1893, o executivo foi exercido simultaneamente por três intendentes: o de Finanças, o de Instrução e Higiene Pública e o Intendente de Obras Públicas e Posturas Municipais, tendo este último, entre outras atribuições, a de resolver "os negócios referentes a alinhamento, demolição, enumeração de prédios, de ruas e praças."[33]

Em 1894, passou a existir um único intendente, chefe do executivo, figura que perdurou até 1907.[34] Em 1908, o cargo teve a sua

32 Os arquivistas australianos sistematizaram cinco critérios para identificar mudanças administrativas, que corresponderiam a mudanças de proveniências: 1) mudança de localização; 2) mudança de nome; 3) mudança de departamento; 4) mudança de nível ou status, e; 5) mudança pela transferência de funções com abolição ou criação de órgãos. SCOTT, P. *J*, FINLAY, G.; SMITH, C. D. e ROOWELL, H. *Op. Cit.*, *p.* 135-137.

33 Capítulo III da lei municipal nº 1 de 12 de outubro de 1892. Transcrição disponível em http://arq-camp.campinas.sp.gov.br/.

34 A Lei Municipal nº 1, de 12 de outubro de 1892, que já previa que, em janeiro de 1894, as atribuições dos três intendentes seriam investidas em um único.

denominação alterada para Prefeito e passou a ser eleito por voto direto. De 1911 a 1930, o cargo de Prefeito passou a ser ocupado por um dos vereadores eleito entre os seus pares. A Revolução de 1930 dissolveu as câmaras municipais e os prefeitos começaram a exercer o poder executivo e legislativo nas municipalidades, sendo nomeados pelo interventor do estado.[35] A Constituição de 1934 alterou essa situação, e as câmaras municipais voltaram a funcionar, sendo os prefeitos eleitos indiretamente pelo legislativo, entre 1936 e 1937.[36] O Estado Novo impôs nova dissolução das câmaras municipais e nomeação dos prefeitos pelos interventores estaduais, reduzindo a autonomia do executivo municipal. Com a Constituição de 1947, os prefeitos pela primeira vez passaram a ser eleitos por voto direto em todo o país, assim como as câmaras municipais voltaram a funcionar.

Em resumo, considerando os dois períodos há uma sucessão de configurações institucionais da organização do governo municipal de Campinas, que nos levaria a arranjar as cinco séries selecionadas em onze fundos distintos, se aplicássemos com coerência e rigor o princípio de respeito ao fundo, segundo a abordagem tradicional. Nesse desenho, não seria possível evidenciar as relações entre as cinco séries documentais, a não ser por instrumentos específicos como listas ou índices elaborados à posteriori. Além disso, a série (4) estaria fragmentada em oito partes.[37]

A solução em um modelo relacional é considerar essas onze configurações como entidades de proveniência que devem ser descritas como entidades de contexto, com relações de sucessão entre si e não como grupos a serem organizados por meio do

35 Decreto do Governo Provisório nº 19. 398, de 11 de novembro de 1930.

36 Artigo 13 da Constituição de 1937.

37 A solução de fragmentar as séries é defendida por DUCHEIN, M., *Op. Cit.*

arranjo físico e descritos em taxonomias isoladas. Podemos entendê-las como organizações que exercem em sucessão no tempo uma mesma função que as ambienta, a de governo municipal (Vila de São Carlos/ Campinas).[38]

Este é o ponto nodal para o modelo de descrição aqui proposto, pois a função *governo municipal* é que identifica as relações de sucessão entre todas as configurações de governo local, estabelecendo o quadro de vinculação temporal e sistemático de todas as entidades de contexto e por consequência de todos os documentos produzidos nas onze configurações de fundos arquivísticos possíveis.[39]

Seções de fundos

Na configuração colonial, o agente responsável direto pelo controle da regularidade e alinhamento das edificações era o juiz almotacé.[40] Durante o Império, o arruador é o agente encarregado da aplicação das posturas, competência que será exercida pelo engenheiro municipal, por uma fase breve, como já vimos alguns parágrafos antes.

No interior do poder executivo municipal há uma sucessão ininterrupta de criação e substituição de estruturas administrativas responsáveis pelo controle de edificações, que tem início nos primeiros anos do século XX e chega aos dias de hoje. Rela-

---

38 A ideia de "função ambiente" (ambient function) como contexto de relações dos produtores de arquivos é desenvolvida por HURLEY, C. *Ambient functions* - abandoned children to zoos. figshare, 13 set. 2016. Disponível em: <https://monash.figshare.com/articles/Ambient_functions_-_abandoned_children_to_zoos/ 3807675/1>. Acesso em 20 abr. 2019.

39 Inclui-se nesse quadro o poder legislativo, instituído a partir de 1893, como órgão especializado de governo municipal, em três configurações, 1893-1930; 1936-1937 e 1948 em diante, como produtores de arquivos.

40 MACEDO, D. M. *Op. Cit.*, *p.* 20.

cionados abaixo, em pesquisa parcial, os órgãos municipais que demarcam quatorze configurações de proveniências de arquivos relativas a controle de edificações:[41]

(1b) Repartição de Obras Municipais (Regulamento nº 3 de 1906)

(2b) Repartição de Obras e Viação (Leis nº 393 de 1926)

(3b) Diretoria de Obras e Viação (Decreto nº 97 de 1934)

(4b) Departamento de Obras e Viação (Lei nº 758 de 1952)

(5b) Departamento de Obras e Viação da Secretaria de Obras e Serviços Públicos (Lei nº 1. 441 de 1956)

(6b) Departamento de Obras e Viação da Secretaria de Obras e Serviços Públicos (Lei nº 2.811 de 1963)

(7b) Departamento de Planejamento e Urbanismo da Secretaria de Obras e Serviços Públicos (Lei nº 3.533 de 1966)

(8b) Departamento de Urbanismo da Secretaria de Obras e Serviços Públicos (Lei nº 3.707 de 1968)

(9b) Departamento de Urbanismo da Secretaria Municipal de Obras (Lei nº 7.721 de 1993)

(10b) Departamento de Urbanismo da Secretaria Municipal de Obras, Serviços Públicos e Projetos (Decreto nº 12.777 de 1998)

(11b) Departamento de Uso e Ocupação do Solo da Secretaria Municipal de Obras, Serviços Públicos e Projetos (Lei nº 10. 248 de 1999)

(12b) Departamento de Uso e Ocupação do Solo da Secretaria Municipal de Obras e Projetos (Decreto nº 14. 107 de 2002 e Lei nº 11.563 de 2003)

41 Esta lista foi gerada a partir de um banco de dados de estruturas administração elaborado na Coordenadoria Setorial de Arquivo Municipal e de uso interno e pela consulta na legislação municipal disponível em: https://bibliotecajuridica.campinas.sp.gov.br/.

(13b) Departamento de Uso e Ocupação do Solo da Secretaria Municipal de Urbanismo (Decreto nº 15. 176 de 2005)

(14b) Departamento de Uso e Ocupação do Solo da Secretaria Municipal de Planejamento e Urbanismo (Decreto nº 19. 376 de 2017)

A solução tradicional de arranjo trataria estas unidades administrativas como subseções ou subgrupos aplicados no arranjo físico de um "Fundo Poder Executivo", solução que hoje é amplamente reconhecida no mínimo como improdutiva, mesmo dentro da abordagem tradicional. Se o critério de correspondência de seção de fundo/órgão administrativo fosse aplicado sistematicamente como representação de mudanças administrativas de todas estruturas especializadas do poder executivo municipal (ou seja, as secretarias como Finanças, Educação, Saúde etc.) levaria a criação de centenas de seções físicas a serem arranjadas e mantidas, cujo manejo, evidentemente, seria impraticável. Além disso, as séries (4) e (5) seriam fragmentadas, a primeira em quatorze partes separadas no seu arranjo físico, e a segunda em oito partes.

Como melhor alternativa, a solução dada pelo modelo relacional de descrição tratando tais estruturas administrativas (1b à 14b) como entidades de proveniência, relacionadas a outras entidades de proveniência (5a à 11a) com as quais a series (4) e (5) são indexadas, permite representar toda a complexidade das relações de proveniência, e portanto da interrelações entre as séries documentais, mantendo a integridade das séries.

O desenho completo das interrelações será composto, no campo de controle de contexto, por onze entidades de proveniência (1a-11a) relacionadas por sucessão, tendo como ambiente a função *governo municipal*, mais quatorze outras entidades de proveniência, (1b-14b) relacionadas por sucessão entre si e por subordinação às entidades do poder executivo municipal (5a-11a), e, ademais, podendo ser relacionadas entre si pela função *controle de edificações*.

As indicações apresentadas de uma abordagem relacional de descrição arquivística para os exemplos discutidos neste texto, não são completas, nem as únicas possíveis ou necessariamente as melhores. O essencial que se buscou demonstrar é a necessidade de uma solução descritiva que englobe todos os conjuntos documentais produzidos pelo governo municipal e que poderiam ser equivocamente separados em diversos fundos e perder as interrelações significativas entre si. A metodologia que a abordagem relacional oferece, propicia uma solução de arranjo físico de conjuntos documentais harmonizado com um sistema de recuperação de documentos que é centrado na acurácia da representação dos contextos de produção, uso e controle desses documentos, sobretudo na dimensão temporal.

A flexibilidade desse modelo de descrição permite abranger arquivos de governos municipais que possuem relações contextuais entre si e estejam custodiados em duas ou mais instituições arquivísticas e ser aperfeiçoado através da inclusão de novas entidades de contextos ou entidades documentais ou alteração das existentes, incrementado a acurácia de representação daqueles contextos, com a finalidade primeira de fornecer heurísticas documentais para as pesquisas relacionadas à história ou sociologia urbanas e temas conexos a estes campos de pesquisa.

Referências Bibliográficas

COOK. T. *O conceito de fundo arquivístico: teoria, descrição e proveniência na era pós-custodial*. Rio de Janeiro, Arquivo Nacional, 2017.

DOUGLAS, J. Ideias em evolução sobre o princípio da proveniência. In: EASTWWOOD, T. e MACNEIL, H. *Correntes atuais do pensamento arquivístico*. Belo Horizonte: Editora UFMG, 2017, p. 47-74.

DUCHEIN, M. O Respeito aos Fundos em Arquivística: princípios teóricos e problemas práticos. *Arquivo & Administração*, Rio de Janeiro, p. 14-33, abr. 1982.

DUFF, W. M. e HARRIS, vol. Stories and Names: Archival Description as Narrating Records and Constructing Meanings. *Archival Science*; vol. 2, 2002.

YAKEL, E. Archival Representation. *Archival Science;* 2003; 3, 1; p. 01-25.

YEO, G. Debates em torno da descrição. In: EASTWWOOD, T. e MACNEIL, H. *Correntes atuais do pensamento arquivístico*. Belo Horizonte: Editora UFMG, 2017, p. 135-169.

SCHELLENBERG, T. R. *Documentos Públicos e Privados: arranjo e descrição*. 2ª ed., Rio de Janeiro: Fundação Getulio Vargas, 1980.

SCOTT, P. J. The Record group concept: a case for abandonment. In: CUNNINGHAM, A. (ed.) *The Arrangement and Description of Archives Amid Administrative and Technological Change: essays and reflections by and about Peter J. Scott*. Brisbane: Australian Society of Archivists, 2010, p. 97-107.

______, FINLAY, G.; SMITH, C. D. e ROOWELL, H. Archives and Administrative Change: some methods and approachs - part 2: Efects of administrative Change on records in government Departaments. In: CUNNINGHAM, A. (ed.) *The Arrangement and Description of Archives Amid Administrative and Technological Change: essays and reflections by and about Peter J. Scott*. Brisbane: Australian Society of Archivists, 2010, p. 134-149.

HURLEY, C. Ambient functions - abandoned children to zoos. figshare, 13 set. 2016. Disponível em: <https://monash.figshare.

com/articles/Ambient_functions_-_abandoned_children_to_zoos/ 3807675/1>. Acesso em 20 abr. 2019.

______. What, if anything is, a function? Figshare, 25 out. 2016(a). Disponível em: <https://monash.figshare.com/articles/What_if_anything_is_a_function_/4060038/1>. Acesso em 11 abr. 2019.

MACEDO, D. M. A urbanização das "Ordenações do Reino". Paranoá, Brasília, nº 13, 2014, *p.* 17-26. Disponível em: https://doi.org/10.18830/issn. 1679-0944.n13. 2014. 12043. Acesso em 13 maio 2019.

RODRIGUEZ, S. M. T. A Tipologia Documental como instrumento para a seriação de documentos. In: VALENTIM, Marta Lígia Pomim (Org.). *Estudos avançados em Arquivologia*. Marília: Oficina Universitária; São Paulo: Cultura Acadêmica, 2012, p. 243-258.

TELAROLLI, R. *A organização municipal e o poder local no Estado de São Paulo, na Primeira República*. Tese (Doutorado). Universidade de São Paulo, Departamento de História, São Paulo, 1981.

FERREIRA, Monica Cristina Brunini Frandi. *Higiene e habitação: o controle da atividade edificativa em Campinas: 1880-1934*. Tese (Doutorado). São Carlos: Instituto de Arquitetura e Urbanismo da Universidade de São Paulo, 2017.

A preservação do patrimônio arquitetônico e urbano e o suporte documental

Ana Paula Farah

No mundo contemporâneo, temos novos paradigmas e formas de percepção do território em que vivemos. Essas novas apreensões e atuações devem operar segundo as mudanças estruturadas no modo de pensar e de agir diante do campo do saber da Arquitetura e do Urbanismo. Para que isso ocorra, existem instrumentos disponíveis para o entendimento da Preservação do Patrimônio Arquitetônico e Urbano vinculados ao conceito de memória e das "práticas e representações mnemônicas e rememorativas."[1]

O patrimônio arquitetônico, edificado e urbano deve assegurar o direito ao conhecimento e à memória, de que o patrimônio – o bem – é portador, e é uma necessidade humana e social, sem o qual a apreensão da realidade fica prejudicada, e limita a construção do próprio presente, principalmente, restringe a construção do futuro.[2]

Nesse sentido, é importante entendermos o conceito de *Patrimônio* recuperando a hermenêutica dessa palavra. Do latim *patrimonìum* se forma a partir de vocábulos – *pater*, *nomos* e moneo.

1 MENESES, Ulpiano Toledo Bezerra de. A crise da memória, história e documento: reflexões para um tempo de transformações. In: SILVA, Zélia Lopes da (org.). *Arquivos, patrimônio e memória: trajetórias e perspectivas.* São Paulo: Editora Unesp, 1999, p. 11.

2 KÜHL, Beatriz Mugayar. Ética na preservação no século XXI. In: HERNÁNDEZ MARTÍNEZ, Ascensión. *Conservado el pasado proyectando el futuro. Tendencias en la restauración monumental en el siglo XXI.* Colección Actas. Zaragoza: Institución Fernando el Católico, 2016, p. 68.

Pater significa o chefe da família, ou avós do âmbito familiar, bens de família, fundador, criador, herança, posses e haveres. *Nomos* significa lei, uso, costume e valores. *Moneo* significa lembrança.[3] A partir desses significados, a palavra patrimônio revela o vínculo com o passado, a lembrança de leis, usos e valores que possam ser transmitidos para as futuras gerações, ou seja, patrimônio é o refazer de nosso contato com o passado (origem), do qual pertencemos, construindo identidade e orientação para o futuro.

No latim – *Patrimonium* – propriedade herdada do pai ou dos antepassados, uma herança. No alemão – *Denkmalpflege* – os cuidados dos monumentos, daquilo que nos faz pensar. No inglês – *Heritage* – aquilo que foi ou pode ser herdado; monumento herdado das gerações anteriores. Percebemos então que em várias línguas o sentido do patrimônio significa a herança da geração passada. Patrimônio também pode ser conceituado através da relação à herança familiar, principalmente no que diz respeito aos bens materiais, ou pode também ser entendido como "bens protegidos por lei e pela ação de órgãos, especialmente constituídos, nomeando o conjunto de bens culturais de uma nação".[4]

Por conseguinte, patrimônio é todo o legado de crenças, conhecimentos, técnicas, costumes, tradições, que vão sendo transmitidos por um grupo social de geração para geração. Quando falamos de patrimônio, sempre nos deparamos com expressões como patrimônio histórico, contudo, existem também vários outros tipos

---

3 BRANDÃO, Carlos Antônio Leite. Da etimologia ao sentido do patrimônio. Estava disponível em <www. Arq.ufmg.br/ia> Acesso em 23 de abril de 2019. Este artigo é fruto do trabalho desenvolvido pelo Prof. Dr. Carlos Antônio Leite Brandão intitulada "Hermenêutica e Arquitetura".

4 FUNARI, Pedro Paulo; PINSKY, Jaime. (Org.). *Turismo e patrimônio cultural.* São Paulo: Contexto, 2001, p. 16.

de patrimônio: o artístico, o arqueológico, o arquitetônico, o cultural, o imaterial e o ambiental, cada qual com sua especificidade.

Maria Célia Paoli aponta em seu artigo, *Memória, História e Cidadania: o direito ao passado,*[5] que os sentidos das palavras memória, história, patrimônio e passado, são distintos entre si, e derivam de uma *cultura plural e conflitante.* Nessa perspectiva, a cultura predomina o espaço que circunda o patrimônio – aqui entendido no sentido amplo de sua conceituação. Infelizmente, parte da sociedade tem ainda a visão do patrimônio como a imagem congelada do passado; não deve e nem deveria ser, mas sim a imagem de um passado vivo, que por sua vez, está intimamente ligado às questões voltadas à memória coletiva (objetos, fatos, monumentos, que são dignos de preservação porque fazem parte de signos coletivos em sua diversidade).[6]

Nessa acepção, o que vemos, de fato, é que atualmente, apesar do conhecimento da História da Arquitetura e Urbanismo já estar amadurecido, ainda há uma relutância em relação às questões voltadas ao entendimento da própria História da Preservação do Patrimônio, principalmente no que se refere a sua importância. Portanto, devemos compreender a inter-relação entre os vários campos, como a memória, a história, a cidadania e a preservação, e como eles se conectam resultando na identidade de um povo.

Ecléa Bosi versa sobre as narrativas orais dos cidadãos e descreve umas das premissas para a preservação do patrimônio edificado e urbano "uma história de vida não é feita para ser arquivada ou guardada numa gaveta como coisa, mas ela existe para transfor-

5 PAOLI, Maria Célia. Memória, História e Cidadania: o direito ao passado. In: SECRETARIA MUNICIPAL DE CULTURA. DEPARTAMENTO DO PATRIMÔNIO HISTÓRICO. *O direto à memória*: patrimônio histórico e cidadania. São Paulo, DPH, 1992, p. 25-28.

6 *Ibidem*, p. 25.

mar a cidade onde ela floresceu",[7] isto é, a cidade (esse território) tem que ser preservada. O espaço da cidade é dotado da capacidade de exprimir a condição do indivíduo no mundo, e a memória seleciona *esses lugares privilegiados de onde retira sua seiva.*[8]

Compreender o conceito de memória, no que tange as questões do patrimônio nos leva a entender que esse patrimônio – edificado e urbano – é o ente conservador da memória no espaço, e conduz aos *lugares de memória,* conceito de Pierre Nora que considera o espaço físico como o suporte para a formação da memória coletiva. Assim, observamos que a memória necessita de um ambiente construído como peça fundamental para a formação da memória coletiva, que permite que o indivíduo tenha a possibilidade a um processo de identificação e de (re)conhecimento.

Pierre Nora[9] é cético em afirmar que a memória não existe mais. Segundo o autor ela só é revivida e ritualizada em um esforço de identificação por parte dos indivíduos e da sociedade, é o objeto da narrativa da História, indicando que somos feitos de *lembranças* e não de *esquecimento.* História e Memória são distintas, porém utilizam do mesmo objeto – o passado, que é um processo contínuo de construção, que está aberto e não morto.[10] Segundo Maurice Halbwachs, é no momento de ruptura da

7 BOSI, Ecléa. Memória da cidade: lembranças paulistas. In: SECRETARIA MUNICIPAL DE CULTURA. DEPARTAMENTO DO PATRIMÔNIO HISTÓRICO. *O direto à memória: patrimônio histórico e cidadania.* São Paulo, DPH, 1992, p. 145.

8 DE DECCA, Edgar Salvatori de. Memória e Cidadania. In: SECRETARIA MUNICIPAL DE CULTURA. DEPARTAMENTO DO PATRIMÔNIO HISTÓRICO. *O direto à memória: patrimônio histórico e cidadania.* São Paulo, DPH, 1992, p. 130

9 NORA, Pierre. Entre memória e história: a problemática dos lugares. In: *Projeto História.* São Paulo: PUC-SP, n° 10, 1993.

10 ARÉVALO, Marcia Conceição da Massena. *Lugares de Memória ou a Prática de Preservar o invisível através do concreto.* Disponível em: <https://

continuidade histórica – visto que o indivíduo e a sociedade estão inseridos no tempo presente e no espaço – que as atenções são voltadas à memória: a percepção do presente. A ruptura é a destruição dos traços físicos da vivência individual e coletiva, e é irreversível, sendo assim, a memória é o ente de reposição da relação entre passado e presente tornando-se a estratégia de sobrevivência emocional de ambos – indivíduo e sociedade.[11]

Atualmente, é nítida a noção da importância da necessidade da preservação do passado, especialmente em virtude do fenômeno da globalização, e a percepção de aceleração que geram *a sensação de hegemonia do efêmero.*[12] O mundo globalizado gera o que Nora conceitua como *aceleração da história,*[13] que consiste em o passado perder espaço para o presente. E é por meio da preservação do ambiente construído, o qual compreende o patrimônio edificado e urbano, que se torna possível assegurar a conservação dos traços e vestígios, sendo, uma forma de contrapor-se ao efeito desintegrador da rapidez contemporânea.

A memória coletiva, segundo Halbwachs, é a história viva e vivida de um determinado grupo social, permanecendo no tempo, em constante renovação, e é, somente transformada em memória quando esse grupo afetivamente faz parte dele. Ou seja, se no presente esse grupo não se lembra, ou não há instrumentos para promover essa lembrança – mesmo que ainda pertença fisicamente a um determinado lugar – ele não faz parte desse conjunto de

---

www.Anpuh.org/revistahistoria/view?ID_REVISTA_HISTORIA=7>; acesso em 10 jul. 2019.

11 D'ALLESSIO, Márcia Mansor. Memória: leituras de M. Halbwachs e P. Nora. In: *Revista Brasileira de História*. São Paulo, vol. 13, n° o 25/26, set92/ago93, *p*. 97-103.

12 *Ibidem, p*. 97.

13 *Ibidem, p*. 98.

indivíduos, pois o que evidencia a memória é a noção de pertencer emocionalmente. Diante disso, uma sociedade só se mantém viva por meio do pertencimento afetivo à sua própria memória.[14]

Ulpiano Bezerra de Meneses ao abordar a relação entre a História e a Memória em relação ao patrimônio, esclarece, que apesar de a História e a Memória aferirem o mesmo objeto – o passado –, ambas têm visões distintas. A História é uma construção do presente, elaborada a partir da narrativa do presente, pelo distanciamento crítico dos fatos e dos acontecimentos pautados num processo que implica um rigor metodológico, essencial para as Ciências Humanas. Para o autor somente a História consegue criar um distanciamento e uma descontinuidade entre passado e presente, enquanto que a memória é formada "no presente e para responder as solicitações do presente.[15]" Ela é uma ação contínua de construção e não há como resgatá-la, visto que, o trabalho que se faz como forma de fixá-la e assegurá-la conduzem a um caráter *fluido e mutável.*[16]

Por sua própria natureza a Memória não corresponde ao passado, pois sabemos muito mais do que as nossas próprias experiências e vivências. Como o conceito de Memória é sempre dinâmico e mutável, as experiências e vivências são compreendidas como características do tempo vivido, sentidas no presente, e se "lhe faltar o referencial do passado, o presente permanece incompreensível e o futuro escapa a qualquer projeto".[17]

---

14 *Ibidem*, p. 99.

15 MENESES, Ulpiano T. Bezerra de. A História, cativa da memória? Para um mapeamento da memória no campo das Ciências Sociais. In: *Revista do Instituto de Estudos Brasileiros*, 1992, p. 10.

16 *Ibidem*, p. 10.

17 MENESES, *Op. Cit*, p. 14.

Ainda seguindo as observações levantadas por Meneses, se destacam alguns pontos que auxiliam no entendimento do patrimônio arquitetônico e urbano: a amnésia social. Como a Memória está correlacionada com alguns dispositivos, tais como: guardar, recordar, registrar, permanecer, conservar, depositar, armazenar, e que, através dos mesmos, é por si só, seletiva e descartável, e pode "ser vista como um sistema de esquecimento". A memória humana necessita do esquecimento, e sua ausência pode acarretar em diversas patologias, das quais podemos citar, a saturação da memória e a incapacidade de esquecer, e isso pode gerar a incapacidade de pensar e abstrair os acontecimentos, fatos e as experiências do presente. Ou seja, a Memória é uma construção do presente, e por isso, necessita de "espaço" para o seu desenvolvimento e sua permanência. Se dispomos de uma memória absoluta, da qual não consigamos selecionar e descartar alguns fatos, acontecimentos, experiências e vivências, teremos um presente com alguns "traumas", e o futuro estará impossibilitado da percepção de todos os mecanismos plausíveis de serem postos em prática.

Meneses aborda a publicação de Jacoby, *Amnésia Social*, que a define "como o esquecimento e a repressão da atividade humana e social que faz e pode refazer a sociedade", sendo vítima de um processo em que a realidade social passa apresentar pela falta dessa memória relativa da sociedade. Se considerarmos o problema da não preservação da memória individual e, principalmente no que concerne, a memória coletiva, podemos entender, através da analogia entre as patologias recorrentes dos seres humanos – uma das doenças mais devastadoras: a demência senil – que para nós é vista como desumana e atroz. Essa patologia vai cancelando, pouco a pouco, as recordações, e a memória transformando-se num espaço vazio, assim, o ser humano atingido por esse mal, cessa de ser indivíduo perdendo a sua própria identidade.

Na construção da identidade de um povo e de um determinado grupo social, a Arquitetura e o Urbanismo desempenham um papel fundamental. As condições as quais a natureza impõe, as modificações dos lugares e as adaptações à vida social são condensadas há vários anos nas obras, monumentos, cidades, territórios, edifícios e lugares. Os seres humanos se reconhecem nesses espaços, apesar do percurso árduo e difícil da construção dessa identidade que é feita por meio de perdas e reconquistas, de construções e abandonos.

Lugar, acontecimentos, entre outras várias situações, são catalisadores da memória coletiva. Nesse sentido, a preservação da memória arquitetônica e urbana, é de extrema importância pois é também um ente construtor da identidade de um determinado grupo social, e se configura como um marco que permanece no tempo e no espaço e que documenta a arquitetura e urbanismo que os produziu a partir de contextos históricos, políticos, sociais, econômicos e culturais, dos quais conseguimos apreender os territórios, os espaços, as técnicas construtivas e as soluções plásticas.[18] Portanto, documentos textuais, iconográficos e tridimensionais propiciam uma abordagem que relaciona a história da arquitetura e urbanismo com outros campos do saber, tornando a leitura do bem arquitetônico e urbano mais completa.[19]

Segundo a conceituação de Le Goff, a memória coletiva e a história empregam dois tipos de materiais: o documento e o

18 SILVA, Joana Mello de Carvalho e. Um acervo, uma coleção e três problemas: a Coleção Jacques Pilon da Biblioteca da FAUUSP. In: *Anais do Museu Paulista*, vol. 24, n° 3, p. 45-70, 1 dez. 2016, p. 46

19 *Ibidem*, p. 66.

monumento. Conforme o autor, *monumento é tudo aquilo que pode evocar o passado, perpetuar recordações (...), é um legado à memória coletiva*[20] e documento que vem do latim *documentum*, originado *de "docere" (ensinar)*, é fundamento do fazer histórico:

> (...) O documento não é inócuo. É, antes de mais nada, o resultado de uma montagem, consciente ou inconsciente, da história, da época, da sociedade que o produziram, mas também das épocas sucessivas durantes as quais continuou a viver, talvez esquecido, durante as quais continuou a ser manipulado, ainda que pelo silêncio. O documento é uma coisa que fica, que dura e o testemunho, o ensinamento (para evocar a etimologia) que ele traz devem ser em primeiro lugar analisados, desmitificando-lhe o seu significado aparente. O documento é monumento. Resulta do esforço das sociedades para impor ao futuro - voluntária ou involuntariamente - determinada imagem de si próprias.[21]

A partir da crítica dos documentos-monumentos é que se faz possível o entendimento da história da arquitetura e urbanismo e que se evidenciam inúmeras leituras no que tange as questões do patrimônio arquitetônico. Portanto, a importância de se preservar a memória, se dá em função de sua relação com a produção da identidade tanto individual quanto coletiva. Não podemos permitir que ocorram destruições, que afetem a transmissão dessas informações para as gerações futuras. Isso se torna algo de uma magnitude ímpar, pois não temos o direito de

20 LE GOFF, Jaques. *História e Memória*. Campinas: Editora da Unicamp, 2003, p. 525-526.

21 *Ibidem*, p. 437-538.

apagar traços das gerações do passado, e, portanto, impedir que esse legado permaneça do presente e para o futuro.[22]

A documentação do Arquivo Municipal de Campinas como suporte para a Preservação

Quando se trata do entendimento da História da Arquitetura e Urbanismo, ou seja, estudo da cidade como forma de apreensão do território, o *projeto* é um documento[23] relevante pois permite a compreensão da materialidade e de sua representatividade. O estudo por meio do desenho auxilia na apreensão de como em cada diferente contexto ocorreram distintas formas de concepção espacial, formal e técnico-construtiva. A representação dos projetos, ou seja, os desenhos são uma prova do momento em que foram desenvolvidos e executados.

Nesse sentido, estes documentos revelam uma gama de fatores como forma de percepção do edifício e sua ambiência: autoria do edifício – profissionais da construção civil (mestres de obras, arquitetos e engenheiro); o partido arquitetônico adotado para as soluções formais, espaciais e técnico-construtivas; o processo de criação (croquis ou pequenos esboços); o projeto (com todo o seu detalhamento) e o projeto de execução, ou seja, o projeto completo. As informações contidas nesses documentos, demonstram todo o seu percurso de desenvolvimento, as variadas propostas e soluções para o espaço, a aprovação nos órgãos públicos responsáveis e/ou acompanhamento das obras. Assim, existem também informações expressivas nos "carimbos, anotações realizadas às margens dos desenhos, etapas e organização

22 KÜHL, *Op. Cit.*

23 SILVA, *Op. Cit*, p. 46.

na realização do projeto, relações entre desenhos de arquitetura e seus complementares".[24]

Os projetos revelam também outro dado importante: quem eram os proprietários que solicitaram tais aprovações e/ou pedidos de algum tipo de intervenção, como reformas, ampliações e algumas modificações. Essas informações nos apontam quais são os atores sociais que atuaram no espaço e a quais classes sociais pertenciam, nos permite mapear também o "poder" do mercado imobiliário através das empresas executoras das obras.

Um ponto relevante é a utilização dessas informações contidas nos desenhos e requerimentos como suporte para a elaboração de Projetos de Restauração Arquitetônica e Urbana, pois há a exigência de pesquisa histórica-documental para a compreensão aprofundada da obra e do ambiente construído, além de oferecer subsídios para os levantamentos arquitetônicos e métricos.[25] Assim sendo, os projetos são de suma importância, pois, sem os mesmos, não temos informações que são basilares para os processos de transmissão do conhecimento, resultando na constante deformação e destruição de obras arquitetônicas isoladas e do tecido urbano.[26]

Nesse sentido, a investigação nos arquivos é primordial, pois possibilita uma leitura do contexto, por muitas vezes não antes relatadas por outras pesquisas.[27] As informações contidas na do-

---

24 SILVA. *Op. Cit., p.* 47.

25 CARBONARA, Giovanni. *Restauro dei monumenti. Guida agli elaborati grafici*. Liguori: Napoli, 1990.

26 FARAH, Ana Paula. *Restauro Arquitetônico: a formação do arquiteto-urbanista no Brasil para preservação do patrimônio edificado - o caso das escolas do Estado de São Paulo*. 2012. Tese (Doutorado em História e Fundamentos da Arquitetura e do Urbanismo) - Faculdade de Arquitetura e Urbanismo, Universidade de São Paulo: São Paulo, 2012.

27 TREFT, Renan Alex. *Apropriações arquitetônicas: o Neocolonial na Diocese*

cumentação abarcada pelo Arquivo Municipal de Campinas permitem a construção de uma análise crítica pormenorizada contribuindo *para o processo de constituição da identidade individual e coletiva*[28] demonstrando as *permanências* e as *mudanças* no campo do saber da Arquitetura e Urbanismo e nas *formas de produção social*, espacial, formal e *material* do território.[29]

Referências Bibliográficas

ARÉVALO, Marcia Conceição da Massena. *Lugares de memória ou a prática de preservar o invisível através do concreto.* Disponível em <https://www. Anpuh.org/revistahistoria/view?ID_REVISTA_HISTORIA=7> acesso em 10 jul. 2019.

BOSI, Ecléa. Memória da cidade: lembranças paulistas. In: SECRETARIA MUNICIPAL DE CULTURA. DEPARTAMENTO DO PATRIMÔNIO HISTÓRICO. *O direto à memória: patrimônio histórico e cidadania.* São Paulo, DPH, 1992, p. 145-149.

BRANDÃO, Carlos Antônio Leite. *Da etimologia ao sentido do patrimônio.* Estava disponível em <www. Arq.ufmg.br/ia>, porém o arquivo foi salvo no word e acesso foi em 23 abril 2003;

CARBONARA, Giovanni. *Restauro dei monumenti. Guida agli elaborati grafici.* Liguori: Napoli, 1990.

CUNHA, Maria Clementina Pereira (org.). *O Direito à memória – Patrimônio Histórico e Cidadania.* São Paulo: Departamento do Patrimônio Histórico, 1992.

---

de Limeira. Trabalho Final apresentado à disciplina História da Arquitetura e Cidade: teoria e método do Programa de Pós-Graduação da Faculdade de Arquitetura e Urbanismo da Universidade de São Paulo, 2019.

28 MENESES, Ulpiano T. Bezerra de. A História, cativa da memória? Para um mapeamento da memória no campo das Ciências Sociais. In: *Revista do Instituto de Estudos Brasileiros*, 1992, p. 22.

29 SILVA, Joana Mello de Carvalho e. *Op. Cit., p.* 47.

D'ALLESSIO, Márcia Mansor. Memória: leituras de M. Halbwachs e P. Nora. In: *Revista Brasileira de História.* São Paulo, vol. 13, nº. 25/26, set92/ago93, p. 97-103.

DE DECCA, Edgar Salvatori. Memória e Cidadania. In: SECRETARIA MUNICIPAL DE CULTURA. DEPARTAMENTO DO PATRIMÔNIO HISTÓRICO. *O direto à memória: patrimônio histórico e cidadania.* São Paulo: DPH, 1992, p. 129-136.

FARAH, Ana Paula. *Restauro Arquitetônico: a formação do arquiteto-urbanista no Brasil para preservação do patrimônio edificado - o caso das escolas do Estado de São Paulo.* 2012. Tese (Doutorado em História e Fundamentos da Arquitetura e do Urbanismo) - Faculdade de Arquitetura e Urbanismo, Universidade de São Paulo: São Paulo, 2012.

FUNARI, Pedro Paulo; PINSKY, Jaime. (Org.). *Turismo e patrimônio cultural.* São Paulo: Contexto, 2001.

KÜHL, Beatriz Mugayar. Ética na preservação no século XXI. In: HERNÁNDEZ MARTÍNEZ, Ascensión. *Conservado el pasado proyectando el futuro. Tendencias en la restauración monumental en el siglo XXI.* Colección Actas. Zaragoza, Institución Fernando el Católico, 2016, p. 55-68.

LE GOFF, Jaques. *História e Memória.* Campinas: Editora da Unicamp, 2003.

MENESES, Ulpiano Toledo Bezerra de. A crise da memória, história e documento: reflexões para um tempo de transformações. In: SILVA, Zélia Lopes da (org.). *Arquivos, patrimônio e memória: trajetórias e perspectivas.* São Paulo: Editora Unesp, 1999.

______. Bezerra de. A História, cativa da memória? Para um mapeamento da memória no campo das Ciências Sociais. In: *Revista do Instituto de Estudos Brasileiros,* 1992.

NORA, Pierre. Entre memória e história: a problemática dos lugares. In: *Projeto História.* São Paulo: PUC-SP, nº. 10, 1993.

PAOLI, Maria Célia. Memória, História e Cidadania: o direito ao passado. In: SECRETARIA MUNICIPAL DE CULTURA. DEPARTAMENTO DO PATRIMÔNIO HISTÓRICO. *O direto à memória: patrimônio histórico e cidadania*. São Paulo: DPH, 1992, p. 25-28.

RODRIGUES, Marly. Preservar e consumir: o patrimônio histórico e o Turismo. In: FUNARI, Pedro Paulo & PINSKY, Jaime. *Turismo e Patrimônio Cultural*. São Paulo: Contexto, 2001.

SILVA, Joana Mello de Carvalho e. Um acervo, uma coleção e três problemas: a Coleção Jacques Pilon da Biblioteca da FAUUSP. In: *Anais do Museu Paulista*, vol. 24, n° 3, p. 45-70, 1 dez. 2016.

TREFT, Renan Alex. *Apropriações arquitetônicas: o Neocolonial na Diocese de Limeira*. Trabalho Final apresentado à disciplina História da Arquitetura e Cidade: teoria e método do Programa de Pós-Graduação da Faculdade de Arquitetura e Urbanismo da Universidade de São Paulo, 2019.

Dois arquivos, um enredo: construtores de São Paulo, construtores de Campinas

Lindener Pareto Jr.
Rita de Cássia Francisco

O tempo era o de 2009, o espaço a Faculdade de Arquitetura e Urbanismo da Universidade de São Paulo. Especificamente a chamada FAU-Maranhão, edifício *art nouveau* – projetado em 1902 pelo arquiteto sueco Carlos Ekman para a Família Álvares Penteado – na Rua Maranhão no bairro de Higienópolis e que, em 1948, foi doada à USP para se tornar a sede da Faculdade de Arquitetura e Urbanismo. A partir da construção do icônico edifício Vilanova Artigas na Cidade Universitária (1969), a FAU-Maranhão passou a sediar o Programa de Pós-Graduação.

Foi nesse mesmo Programa, nos idos de 2009, que duas pesquisas e dois arquivos se cruzaram.[1] Uma foi impulsionada pelo Projeto de Políticas Públicas – *Arquivo Histórico Municipal Washington Luís:* A cidade de São Paulo e sua arquitetura, e que entre outros desdobramentos resultou na dissertação *O cotidiano em construção: os Práticos Licenciados em São Paulo, 1893-1933,* defendida em 2011.[2] Outra foi fruto do contato com fontes documentais do

1 O encontro se deu na disciplina de Pós-Graduação "AUH 5856 - Políticas de Preservação do Patrimônio Cultural Edificado no Brasil: critérios, agentes e práticas", ministrada em 2009 pelo Prof. Dr. Paulo César Garcez Marins. Disciplina fundamental para a devida crítica dos critérios, agentes e práticas que definiram na historiografia a cristalização muitas vezes anacrônica dos cânones da história da arquitetura.

2 Sobre os construtores não diplomados de São Paulo Cf. PARETO JR., Lindener. *O cotidiano em construção*: *os práticos licenciados em São Paulo*

acervo do Arquivo Municipal de Campinas, relativos aos trabalhos para realização do primeiro inventário de bens imóveis do Centro Histórico de Campinas, também objeto de um Projeto de Políticas Públicas, e que resultou em 2013 na tese *Construtores anônimos em Campinas (1892-1933): fortuna crítica de suas obras na historiografia e nas políticas de preservação da cidade.*[3]

(1893-1933). 2011. Dissertação (Mestrado) - Faculdade de Arquitetura e Urbanismo, Universidade de São Paulo, São Paulo, 2011; e publicada pela Editora da Universidade Federal do ABC em 2017. Pesquisa atrelada ao Projeto de Políticas Públicas "Arquivo Histórico Municipal Washington Luís: A cidade de São Paulo e sua arquitetura", coordenado pela Profª Dra. Beatriz Piccolotto Siqueira Bueno e Prof. Dr. Nestor Goulart Reis Filho. De 2007 a 2010, em parceria, a Faculdade de Arquitetura e Urbanismo da Universidade de São Paulo e o Arquivo Histórico Municipal Washington Luís (atual Arquivo Histórico Municipal de São Paulo) realizaram o referido projeto, com financiamento da FAPESP, no âmbito do Programa de Pesquisa em Políticas Públicas. O objetivo foi organizar, digitalizar e informatizar duas preciosas coleções de desenhos arquitetônicos de amplo interesse para a comunidade acadêmica e para os consulentes habituais do Arquivo Municipal – a Série Obras Particulares (1906-1915) e o Fundo Particular Escritório Técnico Ramos de Azevedo/ Severo e Villares. Cerca de 35.000 documentos mereceram tratamento arquivístico adequado – descrição documental em catálogo informatizado e reprodução digital dos desenhos arquitetônicos – com o intuito de facilitar a sua consulta e garantir a sua preservação. Informatizar as coleções, agilizar a pesquisa e divulgá-la em larga escala, via internet, foram as metas fundamentais deste projeto. O levantamento sistemático das referidas fontes foi um divisor de águas para a história da arquitetura e do urbanismo na cidade de São Paulo. Não só porque permitiu remontar a dinâmica da produção material e simbólica da cidade no momento crucial de sua expansão e identificar agentes antes esquecidos ou "desconhecidos", mas também por ter divulgado e democratizado o acesso à documentação.

3 Sobre os construtores não diplomados de Campinas Cf. FRANCISCO, Rita de Cássia. *Construtores anônimos em Campinas (1892-1933): fortuna crítica de suas obras na historiografia e nas políticas de preservação da cidade*. 2013. Tese (Doutorado) - Faculdade de Arquitetura e Urbanismo, Universidade de São Paulo, São Paulo, 2013. Pesquisa que se valeu do projeto "Inventário como ferramenta para a prática de preservação do patrimônio cultural" que foi coordenado pela Profa. Dra. Silvana Barbosa Rubino e desenvolvido entre os anos de 2003 e 2007. Foi realizado por

Apontadas as histórias cruzadas que deram origem às duas teses, vale ressaltar uma primeira grande questão: a importância da interlocução entre universidade e entidades custodiadoras de acervo para a realização de trabalhos dessa natureza. Originários de dois projetos de pesquisa em Políticas Públicas financiados pela Fundação de Amparo à Pesquisa do Estado de São Paulo (Fapesp), ambos foram capazes de desvelar uma nova abordagem acerca da história urbana e da construção civil em São Paulo e Campinas, ao mesmo tempo em que contribuíram com a reorganização e o processamento dos acervos. Não por acaso, a linha de financiamento, existente desde fins dos anos 1990 busca reunir de um lado institutos de pesquisa e universidades, e de outro, organismos do setor público, assegurando a produção e a sistematização de conhecimentos diretamente relevantes para a formulação e a implementação de políticas públicas de relevância social.

No quadro aqui apontado, as duas pesquisas, a partir da experiência de participação nesses projetos, se propuseram à realização de um estudo sobre a produção arquitetônica não monu-

---

meio de uma parceria entre o Instituto de Filosofia e Ciências Humanas da Universidade Estadual de Campinas (IFCH-Unicamp) e a Coordenadoria Setorial do Patrimônio Cultural da Prefeitura Municipal de Campinas, com financiamento pela linha de Pesquisa em Políticas Públicas da Fapesp. Estabelecidos os limites espaciais para o desenvolvimento do inventário, as tarefas desenvolvidas concentraram-se em atividades de duas naturezas principais: a pesquisa documental, com farto levantamento de fontes arquivísticas, e a pesquisa de campo, sobre as edificações históricas remanescentes. Os objetivos finais, em consonância com os parâmetros do programa de financiamento da Fapesp, consistiam em: contribuir para o estabelecimento de critérios e parâmetros delineadores das políticas públicas de preservação do patrimônio; apoiar os trabalhos de planejamento urbano; constituir-se em uma ação de preservação, na medida em que se conservariam em outros suportes as informações contidas nos bens originais e, por fim; construir um banco de dados sobre restauros ou outras ações, possibilitando um acompanhamento sobre as intervenções nos bens ao longo dos anos.

mental em São Paulo e Campinas entre 1890 e 1930, opção que trouxe, desde o início, a constatação de toda uma série de carências informativas passíveis de serem supridas principalmente por meio de um trabalho afeito ao exame e ao tratamento de fontes documentais e materiais, como aquelas com as quais tiveram contato durante os Projetos de Políticas Públicas. Com efeito, ambas as pesquisas levantavam de maneira definitiva uma questão fundamental: afinal, quem foram os construtores que levaram adiante a expansão urbano-arquitetônica de duas das mais importantes cidades do Brasil no início da Primeira República?

Em dois arquivos diferentes, um enredo e uma fundamental releitura historiográfica. Pesquisa que aos poucos foi historicizando a trajetória da arquitetura e do urbanismo marcada por critérios de monumentalidade e por juízos de valor que excluíam parte significativa dos sujeitos que produziram o espaço urbano de duas das maiores cidades do Brasil na passagem do século XIX ao XX. Uma historiografia que quando analisou a produção arquitetônica de São Paulo e Campinas nos anos fundamentais de sua expansão urbana optou por consagrar os "gênios" e relegou ao esquecimento os sujeitos – os trabalhadores da construção civil – que também definiram a arquitetura que ainda hoje caracteriza o patrimônio cultural edificado das duas cidades.

A passagem do século XIX para o XX em São Paulo e em Campinas foi, sem dúvida, um período privilegiado para as narrativas que remontam à construção de cidades pujantes e republicanas marcadas por saberes característicos da modernidade e sujeita às astúcias da ordem e às ilusões do progresso. Todavia, tais narrativas grandiloquentes produziram formas de apresentação e representações de um passado possível que deixaram escapar aspectos cruciais do intrincado quadro de profissionais da construção civil. Os mesmos construíam e eram construídos pelos discursos e práticas de uma modernidade contraditória que ainda parece estranha ao conjunto da historiografia da arquitetura e do urbanismo. Vale dizer, dentre outros aspectos, que o ato de projetar e construir edificações de toda sorte desde o último quartel do século XIX passava por práticas que estavam ao largo do discurso corporativista do ensino superior – no caso paulista – que paulatinamente ganhou forma com a Escola Politécnica (1894) e com o *Mackenzie College* (1917). Nesse sentido, a mesma questão: quem eram os sujeitos (diante de um reduzido quadro de profissionais diplomados) que estavam na linha de frente da produção privada do espaço urbano campineiro e paulistano? A partir da leitura e interpretação dos requerimentos e dos projetos (plantas), os sujeitos responsáveis pela produção do espaço urbano das cidades de São Paulo e de Campinas foram aos poucos identificados. Esse processo de investigação, no entanto, não se deu de maneira uniforme para os dois casos de estudo, e as especificidades dos acervos repercutiram inclusive nos resultados obtidos. Em São Paulo, uma maior organização e disponibilização para consulta de materiais correlatos à atividade dos construtores – que não propriamente os projetos de edificações – permitiu a sistematização de uma série de informações sobre os mesmos, chegando até mesmo aos seus endereços profissionais, detalhes sobre associações, parcerias e até mesmo fichas do CREA (Conselho Regional de Engenharia e Arquitetura) com fotografias 3 x 4 dando face a profissionais não diplomados que atuavam em São Paulo desde o final do século XIX. Nomes como Felisberto Ranzini, professor de composição e desenho da Escola Politécnica, um dos principais projetistas do Escritório Técnico Ramos de Azevedo e um arquiteto licenciado não diplomado; Vicente Branco, projetista de longa data no bairro central do Bexiga e nos anos 1950, presidente do Sindicato da Construção Civil de Pequenas Estruturas ligado à Fiesp (Federação das Indústrias do Estado de São Paulo), são apenas dois das centenas de nomes que apareciam nas fontes primárias e que foram identificados como construtores, projetistas e arquitetos licenciados ao longo das pesquisas desenvolvidas no Arquivo Histórico Municipal de São Paulo.[4]

Já em Campinas, pela falta de outras fontes acessíveis, a pesquisa deteve-se basicamente na análise justamente dos documentos pertencentes à *Série Processos de licença para obras particulares de edificações*, alguns apenas com os requerimentos referentes às solicitações, outros com os devidos desenhos técnicos, tendo sido consultados, para o período estudado, cerca de 3.300 processos. É certo que desse montante, mais da metade não possuía indicação do projetista, construtor ou responsável pelas obras, mas ao sistematizar os resultados obtidos, foi possível verificar que para a outra parcela, na qual era expressa a responsabilidade técnica, apenas dez profissionais concentravam a responsabilidade por mais de 35% do total de obras. Desses, a totalidade era de construtores não diplomados, que seriam chamados genericamente – a posteriori e pelo movimento cor-

4 Sobre o processo de regulamentação da profissão de engenheiro e arquiteto em São Paulo em função das experiências e estratégias de atuação e sobrevivência dos não diplomados ver a tese de PARETO Jr., Lindener. *Pândegos, rábulas, gamelas: os construtores não diplomados entre a engenharia e a arquitetura (1890-1960). 2016.* Tese (Doutorado) - Faculdade de Arquitetura e Urbanismo, Universidade de São Paulo, São Paulo, 2016. Para uma versão síntese ver PARETO Jr., Lindener. Pândegos, rábulas, gamelas: conflitos da formação do campo da engenharia e da arquitetura em São Paulo, 1890-1960'. *Revista Brasileira de História da Ciência*, vol. 11, p. 114-140, 2019.

porativista dos diplomados – de *práticos licenciados*[5] mas que seriam enquadrados pela legislação do CREA e pela legislação local como *arquitetos licenciados*. Nomes como Ercole Bonetti, Affonso Massaroto e Raphael Mauro, os três licenciados mais atuantes, começavam a surgir.

No entanto, tratava-se não só de abordar a importância de uma série de construtores antes tidos como "anônimos" pela historiografia, mas de pensar nos discursos e práticas, nas relações de poder que legitimaram e consagraram o campo profissional de engenheiros e arquitetos.[6] Em outras palavras, não bastava apenas afirmá-los na escrita da História, era preciso esmiuçar as rusgas, remontar os conflitos, trazer à tona os poderes materiais e simbólicos que produziram uma dupla exclusão: a regulamentação que paulatinamente expulsou os não diplomados dos meandros profissionais a partir da década de 1930 e o "esquecimento" (deliberado) historiográfico produzido por uma geração que, nas décadas de 1960 e 1970, fundou programas de pós-graduação ligados à esteira do movimento moderno na arquitetura, deixando de lado as contribuições anteriores, sobretudo das amálgamas históricas do Ecletismo na arquitetura.[7] De fato, nem mesmo os "grandes" engenheiros-arquitetos do Ecletismo na arquitetura haviam sido estudados, nem Carlos Eckman, o projetista da futura FAUUSP, e nem o campineiro Ramos de Azevedo.

5 Para uma discussão da devida historicidade do termo "prático licenciado" ver PARETO Jr. *Op. Cit,* 2016.

6 Sobre as hierarquias e a distinção na história da arquitetura e do urbanismo ver STEVENS, Garry. *O círculo privilegiado: fundamentos sociais da distinção arquitetônica*. Brasília: UNB, 2003.

7 Cf. FABRIS, Annateresa (org.). *Ecletismo na arquitetura brasileira*. São Paulo. Livraria Nobel, 1987; e PUPPI, Marcelo. *Por uma história não moderna da arquitetura brasileira*: questões de historiografia. Campinas: Pontes Editores, 1998.

Só a partir do final da década de 1980 que a impressionante figura e atuação de Ramos de Azevedo e "seus colaboradores" – jargão surrado que atribui à Ramos de Azevedo toda a produção coletiva de um grande escritório – passou a ser estudada.[8]

O cenário resultante da atividade dos *licenciados*, quando espacializada na cidade e analisada quanto às características formais e técnicas das edificações projetadas, bem como tipologias e arranjos compositivos, permite perceber que os profissionais tinham proficiência no necessário referencial técnico e tiveram variada atuação, desde as mais modestas residências de poucos cômodos nos bairros centrais mais populares a grandes edifícios, muitas vezes de rebuscada ornamentação para famílias abastadas do centro de Campinas ou dos bairros da Vila Buarque e Higienópolis em São Paulo. Seu domínio sobre o mercado da construção civil pode explicar porque, durante os embates pela regulamentação da profissão, engenheiros e engenheiros-arquitetos reivindicaram tanto a definição teórica e técnica do campo de exercício de diplomados e não diplomados, bem como o fechamento das até então tênues fronteiras de atuação. Para minar a concorrência, dariam início a um paulatino processo de desqualificação dos *licenciados* que, por fim, culminou com a completa proibição de sua atuação, mas não sem estratégias de sobrevivência, resistência e adaptação às novas formas de conceber a profissão.

Com efeito, nos anos 1920, os títulos de "*arquiteto licenciado*" correspondiam a licenças expedidas, no Estado de São Paulo, pela Secretaria de Agricultura, conforme autorização dada pela Lei nº. 22 de 27 de dezembro de 1924. A obtenção de tais licenças para os não diplomados era, no entanto, condicionada

8 Cf. MICELI, Sérgio. *Nacional estrangeiro: história social e cultural do modernismo artístico em São Paulo*. São Paulo: Companhia das Letras, 2003.

à comprovação de atuação em execução ou direção de trabalhos profissionais e à aprovação por congregação da Escola Politécnica. Mas nos anos seguintes, uma série de normativas, estaduais mas também no âmbito das administrações locais, foram estrategicamente sendo implementadas, visando ao maior controle da atuação desses profissionais. Em Campinas, por exemplo, um novo regulamento estabelecido pela Lei municipal nº. 418 de 9 de maio de 1928 estabeleceria que os registros de profissionais não diplomados com exercício na cidade somente seriam aceitos após comprovação de competência em exame especial instituído pela Repartição de Obras. O acervo do arquivo conta com uma Portaria (nº. 5969 de 30/06/1932), que registra requerimento de um desses profissionais, Herminio Cezar, pleiteando a realização desse exame para obtenção de registro de construtor, e tem apensada a ela, a prova aplicada. Seu conteúdo demonstra como, apesar de não diplomados, os arquitetos licenciados eram cobrados quanto ao domínio de campos disciplinares bastante técnicos, que iam da natureza dos materiais a temas como fundação, estrutura e composição espacial dos edifícios.[9]

9 Mais informações sobre como se deram em Campinas os antecedentes que levariam, nos anos 1930, à proibição da atuação dos construtores não diplomados pode ser conferida em FRANCISCO. *Op. Cit., p.* 20-39. Vale lembrar aqui apenas que, diante da aplicação de exames de proficiência como esse mencionado, podemos lançar mão da hipótese da eficiência da circulação, entre os profissionais não diplomados, de uma literatura menos erudita sobre construção civil, como a da coleção *Biblioteca de Instrução Profissional*, cujos livros foram editados a partir de 1904 pelas Livrarias Aillaud e Bertrand, em Portugal, e Francisco Alves, no Brasil, ou como o Auxiliar do Constructor de Cornélio Carneiro de Barros Azevedo e Alfredo de Azevedo. O acesso a publicações como as essas, aliado à prática no canteiro de obras poderia explicar facilmente como, no exemplo de que tratamos, a resolução da prova de proficiência por Herminio Cezar teve cem por cento de aproveitamento.

O sucinto quadro apresentado exemplifica como estavam colocadas as questões que levariam, alguns anos mais tarde, em nível federal, à regulamentação definitiva das profissões de engenheiro e arquiteto e à exigência formal de diploma para atuação na área, muito embora, de início, a atuação dos licenciados tenha sido garantida pelo Decreto nº. 23.569 de 11 de dezembro de 1933, desde que suas licenças fossem registradas no recém criado Conselho de Engenharia, Arquitetura e Agrimensura. Tal continuidade de atuação não se deveu à benevolência do CREA, mas à organização dos construtores não diplomados, que desde a década de 1920 se organizaram para garantir a continuidade de sua atuação.[10]

Contudo, não demoraria para que fossem estabelecidas várias restrições ao exercício dos profissionais sem diploma, com manifestação expressa de associações, institutos de ensino técnico e representações de arquitetos nos conselhos de classe, todos contrários ao "uso irregular e indevido do título de Arquiteto, privativo dos profissionais diplomados e inaplicáveis aos práticos, licenciados e leigos, que não possuem o correspondente tirocínio de estudos escolares".[11] Assim, em 1936, respondendo aos anseios de mais de uma década de diversas representações, foi publicada a Resolução do Conselho Federal nº. 12 de 24 de maio, que proibiu, definitivamente, a utilização dos termos *arquiteto* e *engenheiro* por *não diplomados*, ainda que seguidos da especificação *licenciado*.

Neste momento, além do tratamento de questões nominativas, o CREA dava início a outra tarefa ainda mais relevante para

10 Sobre a resistência dos não diplomados contra as restrições de atuação impostas pelo CREA Cf. PARETO Jr., *Op. Cit,* cap. 3.

11 Conselho Federal de Engenharia, Arquitetura e Agrimensura. Resolução nº. 12 de 24 de maio de 1936. Regula o uso de título e designações.

os rumos da atuação dos não diplomados, passando a limitar sua atuação, sujeita a partir da Resolução nº. 10 de 30 de setembro de 1936, apenas ao gênero de trabalhos que houvessem executado até a data do Decreto nº. 23.569/33 e, além disso, a proibir a transferência para outras circunscrições diferentes daquela onde os arquitetos licenciados tivessem obtido suas licenças.

Como se pode depreender, a questão ainda se prolongou por vários anos, até que a paulatina limitação do exercício de licenciados desse finalmente lugar à completa proibição. Melancólico outono de atuação depois de várias décadas na profissão. Não foram poucos os "Mandados de Segurança" impetrados pelos não diplomados comprovando que tinham competência para fazer cálculo estrutural e conseguir assim a devida licença para continuar atuando.[12]

Em meio aos embates pela regulamentação da profissão de engenheiros e arquitetos, as iniciativas de tolher a atuação dos licenciados devem ser compreendidas em função da construção de um novo campo político e econômico para a engenharia e arquitetura. Se voltarmos agora à vultosa produção desses profissionais desde o fim do século XIX, os exemplares materiais remanescentes das edificações construídas no período e os registros arquivísticos de desenhos técnicos ou provas para obtenção de registros junto às Prefeitura de São Paulo e de Campinas mostram que qualidades técnicas e estéticas não faltavam à produção desses profissionais. Reduzir sua atuação - na profissão e a posteriori na historiografia - significava, portanto, a garantia de reserva de mercado na economia das trocas materiais e simbólicas daí em diante dominada pelos diplomados.

12 PARETO Jr., *Op. Cit*, p. 250-251.

A abordagem dos dois trabalhos que aqui dialogam buscou, em uma dimensão tanto prospectiva quanto política, propor uma reflexão sobre os porquês do apagamento intencional - e não do esquecimento, como pode parecer - da atuação dos *licenciados* nos estudos urbanos e de história das cidades e da arquitetura, o que se deu em decorrência da análise de uma documentação como os pedidos de *Obras Particulares* e da *Série 102 - Processos de licença para obras particulares de edificações.* Interessou-nos discutir os processos e agentes capazes de intervir no trabalho de constituição e de formalização dessas memórias e das políticas excludentes da profissão, da historiografia e do patrimônio cultural. Apesar dos avanços, não há como desconsiderar que os bens "eleitos" para o rol dos patrimoniais, muitas vezes ainda são avaliados a partir de um caráter suspensivo do tempo, como remanescentes típicos de um passado que chega pronto aos dias de hoje. Pelo modo como tradicionalmente foram (são?) conduzidas as políticas do campo da preservação do patrimônio, havia uma valorização muito grande dos autores dos edifícios, já que na arquitetura canônica essa autoria era de fácil identificação, com diferenciação muito grande entre projetista e construtores. No caso da arquitetura da cidade *cotidiana*, os *licenciados* quebram esse estigma, de modo que há em sua atuação, além da dimensão artística e intelectual, a dimensão do trabalho. E é com ela que indicamos aqui caminhos ainda por trilhar.

De fato, é preciso evidenciar os ritos e mitos que envolvem a profissão do arquiteto, sobretudo desconstruindo o imaginário de uma profissão envolta nos paradigmas da neutralidade e genialidade. Por isso é preciso se voltar à história social. Em busca de superar "muros de Berlim" historiográficos, os trabalhos aqui em questão procuraram incorporar interpretações sobre a produção da cidade considerando o acúmulo da historiografia de diferentes campos.[13] A história social já demonstrou a pertinência em não escalonar a escravidão e a liberdade como mundos tão distintos.[14] Nessa medida, a regulamentação de ofícios e a estipulação de critérios para determinar os que poderiam exercer a profissão também contam a história de como o poder público criou regras sobre o "trabalho livre" ao interferir diretamente no mercado da força de trabalho efetuando, por conseguinte, regras na dialética da inclusão e exclusão. Nos anos do pós-abolição, se faz necessário compreender que regras e normas formaram a escala de valores da força de trabalho e quais as tensões étnicas que compunham esse quadro. Italianos em sua maior parte, nem todos se entendiam como desterrados da mesma forma – as identidades formadas na Europa ganhavam outros sentidos em solo brasileiro.[15] Em que medida, tensões baseadas na identidade interferiram também na formação do campo profissional em questão? Se pensarmos, por exemplo, que mais de 90% dos construtores registrados na Diretoria de Obras de São Paulo na década de 1920 eram italianos ou descendentes, temos uma medida do complexo quadro de disputas no mercado da construção civil daquele momento.

Em todo caso, projetar e construir a arquitetura das cidades brasileiras no início do século XX estava longe de ser monopólio dos diplomados. Projetar a atual condição do campo profissional

13 Cf. CHALLOUB, Sidney; SILVA, Fernando. T. da. Sujeitos no imaginário acadêmico: escravos e trabalhadores na historiografia brasileira desde os anos 1980. *Cadernos AEL*, Campinas, vol. 14, n° 26, 2009.

14 Cf. LARA, Silvia Hunold. *Blowin in the wind*: E, P. Thompson e a experiência negra no Brasil. Projeto História, São Paulo, vol. 12, p. 43-56, out. 1995.

15 Cf. HALL, Michael. Entre a etnicidade e a classe em São Paulo. In: CARNEIRO, Maria Luiza Tucci; CROCI, Federico; FRANZINA, Emilio (org.). *História do trabalho e histórias da imigração*: trabalhadores italianos e sindicatos no Brasil (séculos XIX e XX). São Paulo: Edusp/ Fapesp, 2010, p. 49-63.

da engenharia e da arquitetura para aquele momento não passa de retumbante anacronismo. Problema historiográfico estabelecido, resta ainda avançar. Duas teses, um mesmo enredo, reconhecer na escrita da história os construtores não diplomados. Escrita metalinguística, uma vez realizada no mesmo espaço institucional que de alguma maneira organizou outrora a interdição dos construtores não diplomados. No entanto, não se trata de reivindicar maior ou menor legitimidade de um ou outro, ou mera celeuma sobre poder simbólico e prestígio no campo da engenharia e da arquitetura, mas sim entender a formação do campo em função da dialética do trabalho, dos sujeitos que produzem a vida cotidiana, em suma, de um campo que precisa avançar considerando todos os aspectos de sua experiência histórica.

Referências Bibliográficas

ARASAWA, Claudio Hiro. *Engenharia e Poder: construtores da Nova Ordem em São Paulo*. São Paulo: Alameda Editorial, 2008.

BIONDI, Luigi. Imigração italiana e movimento operário em São Paulo: um balanço historiográfico. In: CARNEIRO, Maria Luiza Tucci; CROCI, Federico; FRANZINA, Emilio. (Org.). *História do trabalho e histórias da imigração: trabalhadores italianos e sindicatos no Brasil (Séculos XIX e XX)*. São Paulo: Edusp/Fapesp, 2010, vol. 1, p. 23-48.

BOURDIEU, Pierre. *A produção da crença: contribuição para uma economia dos bens simbólicos*. Porto Alegre: ZOUK, 2015.

BUENO, Beatriz Piccolotto Siqueira. Escritório Técnico Ramos de Azevedo, Severo & Villares: longevidade, pluralidade e modernidade (1886-1980). *Revista CPC*, [S.l.], nº 19, p. 194-204, jun. 2015. ISSN 1980-4466.

CAMPOS, Eudes. *Arquitetura paulistana sob o Império: aspectos da formação da cultura burguesa em São Paulo*. 1997. Tese (Doutorado) - Faculdade de Arquitetura e Urbanismo, Universidade de São Paulo, São Paulo, 1997.

CERASOLI, Josianne. *Modernização no plural: obras públicas, tensões sociais e cidadania em São Paulo na passagem do século XIX para o XX*. 2004. Tese (Doutorado) - Instituto de Filosofia e Ciências Humanas, Universidade Estadual de Campinas, 2004.

DEBENEDETTI, Emma & SALMONI, Anita. *Arquitetura italiana em São Paulo*. Ed. Perspectiva: São Paulo, 1981.

FABRIS, Annateresa (org.). *Ecletismo na arquitetura brasileira*. Livraria Nobel: São Paulo, 1987.

FICHER, Sylvia. *Os arquitetos da Poli: ensino e profissão em São Paulo*. Edusp: São Paulo, 2005.

FRANCISCO, Rita de Cássia. *Construtores anônimos em Campinas (1892-1933): fortuna crítica de suas obras na historiografia e nas políticas de preservação da cidade*. 2013. Tese (Doutorado) - Faculdade de Arquitetura e Urbanismo, Universidade de São Paulo, São Paulo, 2013.

GENNARI, Luciana. *As casas em série do Brás e da Mooca*. 2005. Dissertação (Mestrado) - Faculdade de Arquitetura e Urbanismo, Universidade de São Paulo: São Paulo, 2005.

GINZBURG, Carlo. *Mitos, emblemas, sinais: morfologia e história*. São Paulo: Companhia das Letras, 1989.

HALL, Michael. Entre a etnicidade e a classe em São Paulo. In: CARNEIRO, Maria Luiza Tucci; CROCI, Federico; FRANZINA, Emilio (org.). *História do trabalho e histórias da imigração: trabalhadores italianos e sindicatos no Brasil (séculos XIX e XX)*. São Paulo: Edusp/ Fapesp, 2010, p. 49-63.

HOMEM, Maria Cecília Naclério. Vila Penteado: Carlos Ekman, um inovador na arquitetura paulista. In: *Boletim Técnico de São Paulo*, São Paulo, n° 10, p. 9-24, abr. 1993.

LANNA, Ana Lúcia Duarte. (org.). *São Paulo, os estrangeiros e a construção das cidades*. São Paulo: Alameda Editorial, 2011.

LEMOS, Carlos. *Alvenaria Burguesa: breve história da arquitetura residencial de tijolos em São Paulo a partir do ciclo econômico liderado pelo café*. 2ª ed., São Paulo: Nobel, 1989.

______. *Ramos de Azevedo e seu escritório*. São Paulo: Pini, 1993.

______. *A República ensina a morar* (melhor). São Paulo: Hucitec, 1999.

LIMA, Solange Ferraz de. *Ornamento e cidade: ferro, estuque e pintura mural em São Paulo: 1870-1930*. 2001. Tese (Doutorado) - Faculdade de Filosofia, Letras e Ciências Humanas, Universidade de São Paulo, 2001.

MICELI, Sérgio. *Nacional estrangeiro: história social e cultural do modernismo artístico em São Paulo*. São Paulo: Companhia das Letras, 2003.

NOVO, Leonardo Faggion. *Entre arte e técnica: "arquiteturas políticas" na legitimação da profissão no Brasil (1920-1930)*. 2018. Dissertação (Mestrado) - Instituto de Filosofia e Ciências Humanas, Universidade Estadual de Campinas, 2018.

PARETO JR., Lindener. *O cotidiano em construção: os práticos licenciados em São Paulo (1893-1933)*. 2011. Dissertação (Mestrado) - Faculdade de Arquitetura e Urbanismo, Universidade de São Paulo: São Paulo, 2011.

______. *Joaquim Cavalheiro: um arquiteto-construtor no Brás e na Mooca*. São Paulo: Cultura Acadêmica-Unesp, 2015.

______. *Pândegos, rábulas, gamelas: os construtores não diplomados entre a engenharia e a arquitetura (1890-1960)*. 2016. Tese (Doutorado) - Faculdade de Arquitetura e Urbanismo, Universidade de São Paulo: São Paulo, 2016.

______. *O cotidiano em construção: os práticos licenciados em São Paulo*. São Bernardo do Campo: Editora da Universidade Federal do ABC, 2017.

______. Uma São Paulo dos Kanz, 1860-1915. *Urbana: Revista Eletrônica do Centro Interdisciplinar de Estudos sobre a Cidade*, Campinas, SP, vol. 9, nº 3, p. 610-658, jul. 2018.

______. Pândegos, rábulas, gamelas: conflitos da formação do campo da engenharia e da arquitetura em São Paulo, 1890-1960. *Revista Brasileira de História da Ciência*, vol. 11, p. 114-140, 2019.

PEREIRA, Paulo Cesar Xavier. *São Paulo: a construção da cidade (1872-1914)*. São Carlos: Rima, 2004.

PUPPI, Marcelo. *Por uma história não moderna da arquitetura brasileira: questões de historiografia*. Campinas: Pontes Editores, 1998.

SALVADORE, Waldir. *Italiano e nosso*: Felisberto *Ranzini e o "Estilo Florentino"*. São Paulo: Cultura Acadêmica/Unesp, 2015.

SCHNECK, Sheila. *Formação do bairro do Bexiga em São Paulo: loteadores, proprietários, construtores, tipologias edilícias e usuários*. 2010. Dissertação (Mestrado) - Faculdade de Arquitetura e Urbanismo, Universidade de São Paulo, São Paulo, 2010.

______. *Bexiga: cotidiano e trabalho em suas interfaces com a cidade (1906-1931)*. 2016. Tese (Doutorado) - Faculdade de Arquitetura e Urbanismo, Universidade de São Paulo: São Paulo, 2016.

SILVA, Fernando Teixeira da. *Operários sem patrões: os trabalhadores da cidade de Santos no entre guerras*. Campinas: Editora da Unicamp, 2003.

SILVA, Joana Mello de Carvalho e. Um acervo, uma coleção e três problemas: a Coleção Jacques Pilon da Biblioteca da FAUUSP. *Anais do Museu Paulista*. São Paulo, vol. 24, nº 3, p. 45-70, Dez. 2016.

STEVENS, Garry. *O círculo privilegiado: fundamentos sociais da distinção arquitetônica*. Brasília: UNB, 2003.

VERMEERSCH, Paula. Por uma história social da arquitetura: os trabalhadores italianos na construção civil paulista (1870-1930). *Revista Novos Rumos*, vol. 1, p. 101-109, 2016.

Entre casas, cortiços e taipas: Campinas e os embates pela modernidade

Philippe Arthur dos Reis

Epítetos, lemas e símbolos são algumas das muitas representações que serviram de respaldo para as cidades modernas se afirmarem como partícipes dos processos materiais de transformação e de diversificação dos seus capitais, sobretudo entre a passagem do século XIX para o XX, resultado dos desdobramentos de criação e disseminação de *mitos, emblemas e sinais* que estavam atrelados às *comunidades imaginadas* daquele contexto.[1]

Campinas, cidade do interior paulista, não fugiu à regra, pois, desde a segunda metade do século XIX, seus agentes procuraram construir um repertório de figurações que buscavam garantir para si o *status* e posição como centro econômico e de relação com outros espaços que se transformavam material e simbolicamente, sobretudo por conta de ser um importante entreposto de produção e distribuição de cana de açúcar e café a outras localidades brasileiras e internacionais. Muito embora

1 Aqui estabelecemos um vínculo com os nomes de duas obras singulares e que nos servem de base teórica e metodológica para se pensar a construção imagética das cidades do *entre séculos:* a primeira, ao livro de GINZBURG, Carlo. *Mitos, emblemas, sinais*: *morfologia e história*. São Paulo: Companhia das Letras, 1989, e a segunda, ao livro de ANDERSON, Benedict. *Comunidade imaginadas*: *reflexões sobre a origem e a difusão do nacionalismo*. São Paulo: Companhia das Letras, 2008. Nossa pretensão é estabelecer um diálogo entre a produção de um repertório de diferentes materiais que serviram de subsídio para a criação de um imaginário coletivo sobre as cidades modernas, tomando como caso a cidade de Campinas.

seja um *lugar comum*[2] procurar estabelecer uma linhagem destes setores da economia vinculados à história oficial da cidade, e, sobretudo ao processo de sua urbanização, que rememora o papel de fazendeiros e outros agentes ligados à política institucional, há um movimento historiográfico que procura trazer em pauta sujeitos que foram deixados à margem, ainda que tivessem um papel de atuação tão intenso quanto os exemplificados.

Este projeto de construção histórica encontra ressonâncias não apenas no senso comum, visto que ele se estende aos símbolos oficiais, à memória coletiva, reportagens e propagandas que buscaram inserir Campinas como um espaço exclusivamente produzido pelas elites e profissionais diplomados, tidos como os "pioneiros" do processo de transformações pelas quais a cidade passou nas últimas décadas dos oitocentos.[3] Não à toa, por conta dos efeitos da febre

2 Procuramos estabelecer como fio condutor de análise as observações de Bresciani no que tange aos lugares comuns difundidos e recorrentes nas interpretações históricas. Para a historiadora, as construções identitárias estão intimamente ligadas aos argumentos racionais e às imagens de forte apelo emocional, formando então um fundo comum de teorias, informações e preconceitos, "cuja genealogia necessita ser interrogada". BRESCIANI, Maria Stella. Identidades inconclusas no Brasil do século XX – Fundamentos de um lugar-comum. In: BRESCIANI, Maria Stella; NAXARA, Márcia (orgs.). *Memória e (res)sentimento: indagações sobre uma questão sensível.* Campinas: Editora da Unicamp, 2004, p. 403.

3 Não é fortuito desmerecer tais elementos para a compreensão histórica desta e de outras cidades, pois são eles que contribuem para um processo ideológico fundamentado na não compreensão da diversidade e embate sobre os diferentes grupos que compõem a cidade. Vide por exemplo os painéis da entrada da Rodoviária de Campinas, que buscam construir um imaginário de cidade que se transformou pioneiramente pela ação do arquiteto Francisco de Paula Ramos de Azevedo, visto que ali desenvolveu uma série de obras arquitetônicas, como a remodelação da Igreja Matriz, a construção do Matadouro e do Mercado Municipal, nome que inclusive batiza este terminal de ônibus e que homenageia uma série de outros espaços e vias da cidade. O problema, no entanto, não reside unicamente na simples menção ao arquiteto, e sim, na compreensão de que o painel

amarela na cidade (sobretudo a de 1889 e seu alto número de mortos), a fênix seja escolhida como símbolo do brasão e da bandeira de Campinas, em 1899, por simbolizar um renascimento de uma cidade que foi atingida em seu passado recente, mas procurava se colocar como cidade renovada para continuar a receber os investimentos públicos e privados que ali se faziam.

O símbolo municipal, que está em uso até os nossos dias, se confronta com a seguinte pergunta: quais foram os sujeitos que construíram a cidade de Campinas após o surto de febre amarela? Aliado a esse questionamento, tensionamos: como esses agentes atuaram no processo de urbanização da cidade e como eram suas relações com o poder público? Em que medida a adoção de uma fênix como símbolo de *renascimento* de uma cidade converge com as novas construções que ali foram executadas e com o discurso de *modernidade*[4] em voga naquele contexto?

(e muitos outros vestígios da cidade) constroi um simulacro de que por ação de um agente houve a criação da cidade moderna campineira, sem trazer em discussão outras arquiteturas presentes na cidade, e que possuíram historicamente maior relação com a grande massa populacional. Sobre o assunto ver FRANCISCO, Rita de Cássia. *Construtores anônimos em Campinas (1892-1933): fortuna crítica de suas obras na historiografia e nas políticas de preservação da cidade.* Tese (Doutorado) - Faculdade de Arquitetura e Urbanismo, Universidade de São Paulo: São Paulo, 2013.

4 A Modernidade se coloca como uma consciência temporal dos seus agentes que se contrapõe aos tempos antigos, ou seja, possuem consciência do seu lugar no tempo, e o avanço tecnológico permite aguçar essa visão, com maior observação do novo que substitui o antigo pelo alastramento da técnica, acompanhando as transformações do Capitalismo, sobretudo ao longo do século XIX. Já a Modernização acompanharia a Modernidade, visto que se sustenta nas mudanças tecnológicas do capitalismo, e a burguesia a entenderia como um dado positivo. É nas cidades que a Modernidade se coloca como um projeto de unificação e identidade comum de seus agentes, por construir imagens que as concebam como transformadas pela ação da burguesia, que financiou a construção de grandes símbolos arquitetônicos, e se utilizou das obras de pequenos e médios proprietários para forjar uma imagem comum de sociedade. Ver

Narrativas de uma cidade de antes e de depois da febre amarela

Buscar a criação de um mito que desse respaldo ao crescimento de uma cidade que anos antes havia sido arrasada por uma epidemia, foi um dos caminhos que permitiu que Campinas reiterasse sua vinculação com a economia agrícola, em um sutil confronto com a então capital do Estado que cresceu em população, número de estabelecimentos fabris e continuou abrigando a sede do poder político estadual. É neste contexto que a adoção da fênix, como símbolo de renovação da cidade de Campinas, entra em vigor, buscando criar um imaginário coletivo local e ao mesmo tempo servir de bandeira de propaganda externa, ressaltando, ainda que simbolicamente, a ideia de que a cidade não estava fora do rol da modernidade.

Este projeto de demarcação simbólica de Campinas caminhava como tantos outros espalhados pelas cidades brasileiras desde a segunda metade do século XIX, quando cronistas, viajantes e memorialistas dirigiram seus olhares sobre as cidades e moldaram um repertório de imaginação, ao explorar em seus textos a arquitetura, paisagem, usos e costumes observados, os interligando aos valores da modernidade, como um espaço salubre, próprio para investimentos, agradável por conta da relação com a natureza e em função de sua crescente população. Esse é o prognóstico que Machado de Oliveira faz de Campinas em 1862, a partir da publicação de seu livro *Geographia da Provincia de São Paulo*, que além de destacar com ufanismo a chegada de novos lavradores por conta das boas terras para o plantio de

BERMAN, Marshall. *Tudo que é sólido desmancha no ar: a aventura da modernidade*. São Paulo: Companhia das Letras, 2007.

cana de açúcar, destaca que a cidade contava com 59.725 habitantes e estava "assentada em uma vasta planície arborisada e de forma quasi circular, que lhe faz dar um aspecto agradável, e a mantém em constante salubridade", além de ser "outr'ora classificado, e com sobrada razão, como o principal centro assucareiro da Provincia, e que do assucar provem o seu prompto engrandecimento e opulência, é hoje o empório do café, quer da própria lavra, quer da dos municípios circunvisinhos (...)",[5] configurando aquilo que Antonio Celso Ferreira classificou, a partir da leitura deste gênero literário, de que não podem ser lidos "como a simples crônicas de uma época, mas como formas múltiplas de representação de um imaginário regional",[6] ou seja, ajudaria a reforçar o ideário paulista de "locomotiva da nação", e, Campinas não estava apartada dessa narrativa.

A descrição da cidade como um espaço ligado aos produtores de café continua a ser reiterada em outras obras, mas, é evidente que com os impactos da febre amarela, se faz necessário apagar essa memória, construindo uma imagem que proporcionasse a lembrança de Campinas como um espaço aprazível, o que pode ser verificado pelo álbum fotográfico de Gustav Koenigswald, impresso em alemão em 1895, e dois anos depois em português, com imagens de Paulo Kowalsky, Francisco Hensler, Guilherme Gaensly e outros, retratando não apenas essa cidade, mas também a capital estadual e outras mais. Segundo o autor,

5 OLIVEIRA, José Joaquim Machado de. *Geographia da Provincia de S. Paulo: a lição das escholas e offerecida á Assembléia Legislativa Provincial.* São Paulo: Typ. Imparcial de J. R. de A. Marques, 1862. Optamos por essa, e nas demais citações, manter a grafia como apresentada nos documentos originais.

6 FERREIRA, Antonio Celso. *A epopeia bandeirante: letrados, instituições, invenção histórica (1870-1940).* São Paulo: Editora Unesp, 2002, p. 40

> (...) das cidades do interior é Campinas a mais importante, com uma população de, mais ou menos, 35.000 habitantes. É o centro de uma rica zona cafeeira e, há uns 15 annos atrás, *rivalizava com a capital.* Possue uma magnifica matriz, que talvez seja a mais bela igreja do Brazil; um bonito theatro, uma elegante estação da estrada de ferro e *muitos outros edifícios dignos de nota.*[7]

Além do evidente confronto entre as cidades de Campinas e São Paulo, possivelmente desde 1880, verificamos que o imaginário criado a partir do relato do álbum, exemplifica construções que demonstram a monumentalidade da cidade (como a menção à Igreja Matriz, reformada anos antes pelo arquiteto Ramos de Azevedo), e as expõe como símbolos de uma cidade digna de manter os investimentos públicos e privados que financiavam estas e outras construções, além de diferentes equipamentos urbanos. A obra, apesar de não ter a cidade paulista como protagonista, busca construir um repertório que evidencie seu crescimento conjuntamente a outras além da capital, e assim, texto e imagem fundem-se num só produto que serve de subsídio para que Campinas se demarque junto ao rol de cidades modernas.

Interessante notarmos que Gustav Koenigswald cita ao final de sua passagem que existiam outros edifícios dignos de nota, mas não os elenca. Contudo, além da Estação Ferroviária, da Igreja Matriz e da Fazenda Sete Quedas, registra dois importantes panoramas que permitem emoldurar a narrativa de uma nova cidade, grande, intimamente ligada às outras três fotografias, ou seja, que cresceu em torno dos investimentos ligados à ferrovia, à Igreja e ao café. Em ambos os registros é evidente

7 KOENIGSWALD, Gustavo. *São Paulo.* São Paulo: Laemment & Co., 1895, p. 17-18, grifos meus.

que o fotógrafo buscou retratar a cidade de Campinas como espraiada, e que ainda havia um certo contato de seus moradores com a natureza, o que se evidencia pela presença das árvores que circundavam as muitas casas do plano, em sua maioria térreas e retilineamente construídas. Apesar de certos edifícios serem facilmente identificados a olho nu, como o Teatro São Carlos, ao centro da Figura 2, ou a torre da Estação de Trens, no canto superior da mesma fotografia, registrada do alto de uma das torres da Igreja Matriz, ainda assim, são as residências que formam a unidade do urbano, as pequenas e médias casas que permitem ao leitor entender a cidade como um espaço vivo e composto pela presença humana, e que sustentam a ideia-símbolo da fênix como elemento do renascimento de Campinas.

Figura 1. Campinas, 1895.

Fonte: KOENIGSWALD, Gustavo. *Op. Cit.*, p. 115

Figura 2. Campinas, 1895.

Fonte: KOENIGSWALD, Gustavo. *Op. Cit.*, p. 115

Aliado ao processo de reafirmação da narrativa de ressurgimento da cidade, as discussões sanitárias eram também uma preocupação local, própria dos ideais modernos, em prol da erradicação da febre amarela, e assim, era necessária uma maior intervenção sobre os novos espaços construídos e reformados. Edifícios até então considerados insalubres, passaram a ser alvo de uma intensa fiscalização dos agentes ligados à municipalidade, de engenheiros a fiscais que se baseavam no *Código de Posturas* de Campinas, editado em 1880, mas também no *Código Sanitário do Estado de São Paulo,* editado em 1894. No que toca às novas construções e às reformas empreendidas em antigos edifícios, feitas em sua maioria em casas de taipa e pau-a-pique, desde 11 de janeiro de 1894, se tornou obrigatória para os proprietários destes imóveis a solicitação de licenças para reformas, demolições e novas construções, os quais deviam seguir os padrões legais exigidos pelo *Código de Posturas* e pela Lei nº 29 que entrava em vigor.[8] Dois anos depois, a Lei nº 43 entrou em vigor, ao tratar especificamente da questão da licença para construções na cidade. Tais aprovações de licença, seriam formadas pelo requerimento do interessado além de um desenho técnico que representasse visualmente a dimensão do imóvel e proporcionalmente as intervenções a serem realizadas, as quais seriam analisadas pelo corpo técnico municipal, e aprovadas ou não por um engenheiro.[9]

A análise dos requerimentos e desenhos arquitetônicos, hoje sob custódia do Arquivo Municipal de Campinas,[10] nos re-

8 FRANCISCO, *Op. Cit*, p. 56.

9 A prática de apresentar um requerimento com o memorial descritivo das obras com um desenho arquitetônico que demonstrasse visualmente as intervenções nos edifícios, na realidade, se tornou uma obrigatoriedade para diversas cidades do final do século XIX, sobretudo como uma forma de disciplinarização do meio urbano e contenção das classes sociais em determinados espaços, já que previa a adoção de um mecanismo legal que exigia a execução de um profissional ligado à construção civil, que não obrigatoriamente precisava possuir título de engenheiro ou arquiteto, mas, ser um profissional registrado junto à municipalidade. O caso de São Paulo é singular, pois, desde 1893 também se tornou obrigatória a apresentação de requerimento e desenho técnico para todo tipo de obra da cidade, e que quando analisada em perspectiva, registra uma cidade que foi construída em grande parte por pequenos e médios proprietários de imóveis, agentes que propomos serem os responsáveis pela construção das cidades modernas, os quais, ainda que seus imóveis sejam compreendidos como parte do crescimento das cidades, seus nomes permaneceram à margem. Ver REIS, Philippe Arthur dos. Plantas de uma cidade: os projetos e desenhos arquitetônicos como fonte para o historiador. In: *Anais do XIV Encontro Estadual de História* – ANPUH/RS 2018. Pontifícia Universidade Católica do Rio Grande do Sul, Porto Alegre, 2018.

10 Os documentos compõem a Série 102 – *Processos de Licença para Obras Particulares de Edificações*, armazenadas em aproximadamente 8 mil caixas arquivo dentre os anos de 1893 a 2003 (de 2003 em diante os requerimentos se encontram no Arquivo da Secretaria Municipal de Urbanismo de Campinas - CEMURB), sendo que até 1916 os registros podem ser consultados na base de dados online *Arq-Camp*, o qual é composto "principalmente por processos administrativos protocolados produzidos

mete aos questionamentos iniciais do artigo: qual a relação do simbolismo da fênix conjuntamente às construções que foram executadas na cidade na passagem do século XIX para o XX, e, quais as tensões entre a população comum e seus desejos de formação de cidade naquele contexto?

Novos agentes, novas narrativas: entre projetos e tensões do mundo público-privado

A partir do trabalho de digitalização e informatização dos requerimentos e plantas da série 102 - *Processos de Licença para Obras Particulares de Edificações,* realizamos um levantamento que buscou contabilizar as tipologias construtivas da cidade de Campinas entre 1893 a 1905, o que permitiu analisar algumas das tensões e conflitos existentes entre os proprietários e o poder público no que tange ao discurso de modernização e como ele era entendido pelas partes. Importante frisarmos que estes proprietários compunham uma significativa parcela social de Campinas, pois, ainda que donos de pequenos lotes, eram uma porção privilegiada diante da massa de despossuídos da cidade, como negros e antigos escravizados, a população livre sem riquezas e imigrantes pobres. Estes proprietários podem se enquadrar na corrente que os classifica como parte dos *setores médios* ou *intermediários,* e ainda que contando com a posse de

e acumulados pela atividade de concessão de licença pelo poder público municipal para construir, reformar ou demolir edificação urbana por meio de emissão dos respectivos alvarás e pela regularização de edificação construída ou de área reformada, sem a licença prévia deste último." A Série 102 foi contemplada com o Edital ProAC nº 19/2018 – Difusão e Acesso em Arquivos Permanentes, com a informatização de parte dos seus requerimentos e plantas (1893-1905) na base de dados *Arq-Camp.* Ver: http://arq-camp.campinas.sp.gov.br, acesso em 19/06/2019.

um pequeno ou médio imóvel, estavam numa condição que os permitiam se distinguir na população.[11]

A partir da elaboração de um banco de dados no formato de planilhas, com a alimentação dos dados referentes às novas informações colocadas no *Arq-Camp*, pudemos ter uma ideia do que foi construído (ou apenas projetado) em Campinas entre os anos de 1893 a 1905. Com mais de 3.200 requerimentos expedidos por particulares que solicitaram a demolição, reforma ou construção de seus imóveis, percebemos que uma parcela do que foi edificado fez parte de uma arquitetura não monumental, de casas pequenas ou médias, de um só pavimento, às vezes congregada com um comércio ou armazém, formando assim um edifício misto, e numericamente menos exemplares de uma arquitetura mais denotativa de poder simbólico, como àqueles ligados às instituições, ou ligadas à elite, como palacetes.

Do total de requerimentos analisados, pelo menos 2.349 se referem à obras de reforma e demolição de casas e prédios,[12]

11 Ver o trabalho de Maria Luiza Ferreira de Oliveira que, a partir de inventários *post mortem*, traçou um perfil da atuação dos setores médios em São Paulo, e percebeu o quanto a posse de imóveis se tornou uma das formas mais comuns de propriedade na segunda metade do século XIX. OLIVEIRA, Maria Luiza Ferreira de. *Entre a casa e o armazém*: *relações sociais e experiência da urbanização. São Paulo, 1850-1900*. São Paulo: Alameda, 2005. Conjuntamente, vale a leitura do trabalho de Kleber Antonio de Oliveira Amancio sobre ex-escravos, ex-libertos e seus descendentes em Campinas entre 1888 e 1926, o qual relata as tensões do poder público e de outros agentes, como os imigrantes europeus, para com a população negra da cidade. AMANCIO, Kleber Antonio de Oliveira. *Pós-abolição e quotidiano: ex-escravos, ex-libertos e seus descendentes em Campinas (1888-1926)*. São Paulo: Alameda, 2013.

12 Vale destacar que o conceito de *prédio* não se refere exclusivamente as edificações verticalizadas, mas "à toda propriedade imóvel, rural ou urbana, construída ou não" podendo se referir "indistintamente às construções, tanto de casas de moradia como edifícios em geral". CORONA, Eduardo. *Dicionário da arquitetura brasileira*. São Paulo: Romano Guerra, 2017, p. 388.

totalizando assim quase ¾ do total de construções voltadas à moradia, número muito próximo a proporção de construções do mesmo período em outras cidades como São Paulo e Rio de Janeiro.[13] Logo, não é insignificante atribuirmos as origens simbólicas do *renascimento* da cidade de Campinas com o conjunto de casas que formavam a sua identidade, investimento realizado em grande medida pelos setores médios da cidade, e que foram registradas por Gustav Koenigswald em 1895.

Salvador Gualhario, proprietário de um terreno no bairro do Taquaral, foi um dos investidores de Campinas que procurou se ater aos preceitos legais em vigor na cidade, ao solicitar, em 07 de dezembro de 1894, a autorização para a construção de duas casas, cada uma com sala, quarto, cozinha, corredor e alcova,[14] este último um cômodo que passou a ser condenado pelo *Código Sanitário Estadual* daquele ano e que no Artigo 46, sobre as Habitações em Geral, eram proibidas em absoluto. No entanto, ainda assim, tal cômodo era proibido de ser construído por não contarem com uma janela para entrada de ar e luz externa no imóvel, continuaram a persistir nos desenhos e até mesmo serem aprovadas pelos engenheiros da municipalidade, como no caso em questão. Interessante notarmos que nesse embate entre o que a nova lei determinava e o que era solicitado pelos requerentes, algumas alternativas eram propostas, como a abertura de claraboias nos

---

13 Ver LODY, Jorge. *Arquitetura e cidade: obras particulares em São Paulo, 1906-1915. 2015.* Tese (Doutorado) - Faculdade de Arquitetura e Urbanismo, Universidade de São Paulo, São Paulo, 2015; e REIS, Philippe Arthur dos. *Construir, morar e viver para além do centro de São Paulo: os setores médios entre a urbanização e as relações sociais do Brás (1870-1915).* 2017. Dissertação (Mestrado) - Faculdade de Arquitetura e Urbanismo, Universidade de São Paulo: São Paulo, 2017.

14 Arquivo Municipal de Campinas, Série 102 - *Processos de Licença para Obras Particulares de Edificações,* Notação: 102-1894-149-000189.

cômodos que não havia entrada direta de ar e luz, a exemplo do pedido de Luiz de Campos Salles, que solicitou, em 31 de outubro de 1903, a modificação da fachada de seu prédio, com a abertura de uma claraboia, mudança do assoalho e forro, localizado na Rua Regente Feijó, nº 30.[15]

Nem sempre estes proprietários agiam de acordo com as prescrições das leis. O poder de fiscalização dos engenheiros e demais técnicos ligados à municipalidade recaíam com intimações aos proprietários de imóveis para que os reformassem e adequassem segundo as prescrições sanitárias e estéticas, como o caso de Manoel Rodrigues Nunes, que relata em seu requerimento de 1902 que foi intimado pela "Comissão Sanitária a fazer uma claraboia e mais concertos na dita casa" localizada na Rua Major Sólon, n° 36, além de enfatizar que o respectivo pedido de licença estaria de acordo com a lei.[16] Manoel Rodrigues não estava só, pois outros 59 pedidos de abertura de claraboias foram solicitados por proprietários campineiros entre os anos 1893 e 1905, em sua maioria atrelados à reformas de casas e alterações no interior do programa edilício, como a construção de "puxados" para servir de cozinha.

Em nome da modernização campineira, a fiscalização municipal sobre as construções não regularizadas aumentou, ocasionando tensões entre os técnicos e engenheiros com os proprietários, que muitas vezes se recusavam a regularizarem suas construções de acordo com os preceitos sanitários. O caso de José Solidario Pedroso é exemplar, pois, sendo proprietário de um

15 Arquivo Municipal de Campinas, Série 102 - *Processos de Licença para Obras Particulares de Edificações,* Notação: 102-1903-484-001938.

16 Arquivo Municipal de Campinas, Série 102 - *Processos de Licença para Obras Particulares de Edificações,* Notação: 102-1902-216-001852.

imóvel no Arraial da Estrada de Valinhos, ao solicitar a autorização para troca de seu telhado que fora arrasado por um tufão, foi surpreendido pela visita da Inspetoria Sanitária, no caso, por Émile Daufresne de la Chevalleria, engenheiro da Câmara Municipal de Campinas que vistoriou muitos dos requerimentos por nós analisados. No documento, datado de 23 de janeiro de 1900, o engenheiro informa "que as casas são de construção antiga, fora do padrão Municipal, baixas, e, a meu ver insalubres", pedindo então que a Comissão Sanitária agisse. No mesmo dia o Intendente Municipal, Manoel de Assis Vieira Bueno, mesmo sem ter visto a casa, também alegou que ela era insalubre, e assim, autorizava a vistoria solicitada. Ezequiel Cândido da Silva Brito, então Inspetor Sanitário reiterou as demais colocações em 17 de fevereiro daquele ano, até que em 23 de maio, o chefe da Comissão Sanitária, Theodoro Bayma, relatou que no dia anterior embargou a reconstrução da casa de José Solidario Pedroso, e no dia da escrita desse comunicado, o empreiteiro da obra relatava que a "comissão tinha promettida a reconstrução da dicta casinha".[17] O caso, permite entrever tensões entre a adequação do imóvel diante do desejo de *modernização* da cidade pelos engenheiros e técnicos municipais, conjuntamente ao que o interessado expressava, já que o mesmo, inicialmente, desejava solucionar um caso específico de sua morada (o telhado ter sido destruído por conta do tufão), e assim, ao solicitar autorização para a municipalidade para então executar a obra, foi surpreendido com uma inspeção de sua residência que foi tida como insalubre.

17 Arquivo Municipal de Campinas, Série 102 - *Processos de Licença para Obras Particulares de Edificações,* Notação: 102-1900-011-001271.

A taipa e o pau-a-pique foram os principais alvos de atenção do poder público, que intimava seus moradores a reconstruírem seus imóveis com as novas técnicas. Segundo Rita Francisco,

> O Código de Posturas de 1880 apontava com riqueza de detalhes as tipologias arquitetônicas pretendidas para Campinas e regulamentava, inclusive, os espaços ainda não construídos, estipulando a obrigatoriedade de se fechar terrenos com muros de tijolos, pedra ou qualquer outro material aceito nas "*construções modernas*" (Art. 6º, §1º).[18]

Mais de 30 requerimentos atestam pedidos de particulares que solicitavam autorização para modificarem seus respectivos imóveis de acordo com a lei, remodelações que estavam atreladas às paredes destes imóveis, e iam da simples demolição à substituição daquelas que fossem de taipa ou pau-a-pique por tijolos, como o caso de Adão Astolphi que em 1900 solicitou a demolição de uma parede de taipa do quintal da casa de José Pimentel, por uma parede de tijolos, na Rua Doutor Quirino, nº 28,[19] e o de Sinfronio Barroso, representando Francisco Ferreira de Camargo Andrade, que teve de demolir um muro de taipa para reconstruir um de tijolos, na Rua Doutor Moraes Salles, nºº 124, no ano de 1905.[20]

Fica evidente que todo o anseio de se alinharem as cidades modernas segundo os padrões sanitários e estéticos, encontrou

---

18 FRANCISCO. *Op. Cit*, p. 50.

19 Arquivo Municipal de Campinas, Série 102 - *Processos de Licença para Obras Particulares de Edificações*, Notação: 102-1900-029-001289. No documento há uma rasura, provavelmente do engenheiro Émile Daufresne, que atesta que o endereço correto é a rua 24 de Dezembro e não a rua mencionada pelo interessado.

20 Arquivo Municipal de Campinas, Série 102 - *Processos de Licença para Obras Particulares de Edificações*, Notação: 102-1905-148-002252.

resistência por parte de muitos dos seus moradores, mas também espanto, pois seus modos de vida e sociabilidades eram atingidos de forma que, por força da lei, muitos se viam na condição de se aquedarem às normas vigentes, como o imbróglio envolvendo Domingos Russo, proprietário de uma casa na Rua Marechal Deodoro, n° 24,[21] que em 27 de maio de 1896, desejou fazer uma reforma que tivesse como pontos de atenção o corte da "beira do telhado para fazer uma platibanda assim como trocar as portas e janellas existentes por outras nas condições exigidas pelo Código de Posturas Municipaes". O pedido, além de indicar o desejo do proprietário em melhorar as condições do seu imóvel, evidencia que Domingos Russo conhecia o poder da lei e de sua aplicabilidade, ao justificar aquilo que o código de 1880 demandava para as construções e reformas da cidade. Émile Daufresne, o engenheiro da Câmara Municipal, não se sentindo por satisfeito pelo pedido de reforma solicitado, ao visitar o imóvel descreve que

> (...) a dita casa é de construção antiga, paredes de taipa e de pao a pique. Não tem altura que marca o Codigo. Como tambem não tem soalhos nem forros. Fui ver ao suppte[22] que a dita casa é uma das mais antigas de Campinas e não podia ser concertada, devendo ser demolida. O proprietario concordou e vai esperar algum tempo e depois reconstruil-a".

21 Arquivo Municipal de Campinas, Série 102 - *Processos de Licença para Obras Particulares de Edificações,* Notação: 102-1896-063-000451. E neste caso o proprietário também se engana e informa outro endereço, no caso a rua Major Solon. Quais os motivos para que esses proprietários não indiquem seus respectivos endereços à municipalidade? Seria uma forma de conter a fiscalização? Não havia um apego ou relação com esses espaços que receberam nomes recentemente?

22 Abreviatura de "suplicante".

O embate sobre a existência de construções consideradas antigas se estende por Campinas no final do século XIX, e os imóveis em que seus proprietários solicitaram reformas foram alvo dos técnicos municipais para serem demolidos ou no mínimo reformados quando consideraram que poderiam ter alguma intervenção. Logo, houve uma guerra contra o pau-a-pique e à taipa que perdurou até os primeiros anos do século XX.

Essas tensões que podem ser verificadas a partir da Série 102 revelam o quanto o projeto de modernização da cidade não foi algo uníssono, e como o urbanismo não é uma prática isenta de questões políticas. A ação dos proprietários de imóveis, permite entrever suas posições individuais diante de um emaranhado conflito de interesses e posicionamentos, que seriam objeto de disputa.

Apesar de considerado comumente como um espaço símbolo da não limpeza, os cortiços foram tolerados em diversas cidades brasileiras, inclusive em Campinas, na qual encontramos quatorze pedidos de construção, reforma e regularização, demarcando assim, uma linha tênue entre o espaço popular em determinadas áreas da cidade. Espaços de moradia de viajantes, estudantes, pobres e indigentes, famílias recém-chegadas e sinônimo de um espaço mais barato para moradia, os cortiços estiveram presentes na paisagem das cidades, muitos dos quais de propriedade dos setores altos e médios, e situados nos centros e bordas dessas mesmas cidades. Em Campinas, os pedidos de construção e reforma de cortiços estiveram concentrados entre muitas das ruas do centro, como a Rua Bernardino de Campos, Rua 11 de Agosto e a Avenida Senador Saraiva. Os quatorze requerimentos referentes em sua maioria à construção de cortiços foram encontrados, entre os anos de 1896 a 1904, todos pautados de acordo com as predisposições da Lei nº 43 que regulamentava as construções particulares da cidade. O pedido de Manoel Rodrigues Nunes é elucidativo (Figura 3), pois, solicitou a construção de dois cortiços em seu terreno na então Rua de Nova Espanha, em 28 de julho de 1900. Na esperança de talvez possuir maiores rendimentos com o aluguel de dois espaços habitacionais, Nunes procurou seguir à risca a legislação municipal da cidade, ao apresentar uma planta, que recebeu o parecer favorável do engenheiro Daufresne, mesmo tendo um "passeio de cimento em todas as habitações, latrinas e tanques para lavagem de roupa e ralo no esgoto, tudo de acordo com a lei".[23] Contudo, se nos atermos mais detidamente no desenho apresentado, há outra anotação do engenheiro referente à um dos quartos do cortiço, o de que este era um "augmento pedido pelo proprietario e approvado". Ora, pelo requerimento Manoel Rodrigues Nunes solicitou a construção de dois cortiços, e Émile Daufresne rasurou na planta que se referia à um pedido de aumento do prédio, logo, porque não foi registrado formalmente o pedido de aumento e sim o de novas construções? Estaria o cortiço irregular, e a apresentação da planta buscou resolver algum imbróglio? Como Émile Daufresne soube que era um pedido de aumento, se o pedido é referente à construção de novas edificações? Qual a relação do engenheiro com o proprietário deste lote?

23 Arquivo Municipal de Campinas, Série 102 - Processos de Licença para Obras Particulares de Edificações, Notação: 102-1900-145-001407.

Figura 3 . Propriedade Manoel Rodrigues Nunes. Fonte: AMC; 102-1900-000145

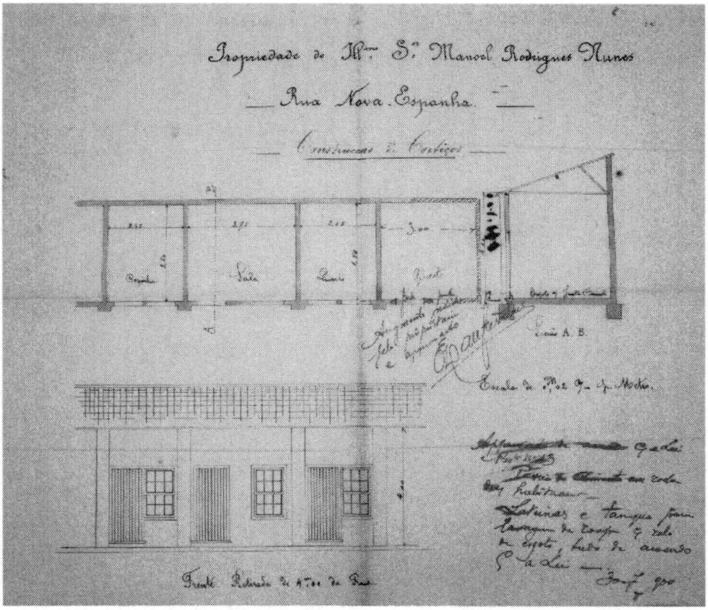

Parte dos setores médios que atuaram no processo de transformação urbana de Campinas não foram convergentes com a disciplina e ordem estipuladas pela legislação sanitária e pela ação dos agentes públicos que a executavam. Do mesmo modo, são os setores médios que edificaram a cidade, e simbolicamente "emprestaram" a uniformidade visual do conjunto de suas propriedades para que determinados agentes ligados à elite e ao poder público construíssem uma imagem de cidade renascida. O projeto de modernidade campineira, instaurado após o surto de febre amarela em 1889, não buscou apenas colocar na ordem do dia a criação de uma cidade renascida, pronta para receber mais capitais e assim, não ser abalada por qualquer outra quebra que pudesse ocorrer, mas, foi um projeto que buscou obrigar estes mesmos proprietários a participarem do processo de renovação urbana, ainda que esses não desejassem destruir suas casas de taipa e pau-a-pique e transformarem as alcovas em quartos, o que significou uma drástica mudança nos costumes.

Referências Bibliográficas

AMANCIO, Kleber Antonio de Oliveira. *Pós-abolição e quotidiano: ex-escravos, ex-libertos e seus descendentes em Campinas (1888-1926)*. São Paulo: Alameda Editorial, 2013.

ANDERSON, Benedict. *Comunidades imaginadas: reflexões sobre a origem e a difusão do nacionalismo*. São Paulo: Companhia das Letras, 2008.

BERMAN, Marshall. *Tudo que é sólido desmancha no ar: a aventura da modernidade*. São Paulo: Companhia das Letras, 2007.

BRESCIANI, Maria Stella. Identidades inconclusas no Brasil do século XX – Fundamentos de um lugar-comum. In: BRESCIANI, Maria Stella; NAXARA, Márcia (orgs.). *Memória e (res)sentimento: indagações sobre uma questão sensível*. Campinas: Editora da Unicamp, 2004.

CORONA, Eduardo. *Dicionário da arquitetura brasileira*. São Paulo: Romano Guerra, 2017.

FERREIRA, Antonio Celso. *A epopeia bandeirante: letrados, instituições, invenção histórica (1870-1940)*. São Paulo: Editora Unesp, 2002.

FRANCISCO, Rita de Cássia. *Construtores anônimos em Campinas (1892-1933): fortuna crítica de suas obras na historiografia e nas políticas de preservação da cidade*. 2013. Tese (Doutorado) - Faculdade de Arquitetura e Urbanismo, Universidade de São Paulo: São Paulo, 2013.

GINZBURG, Carlo. *Mitos, emblemas, sinais: morfologia e história*. São Paulo: Companhia das Letras, 1989.

KOENIGSWALD, Gustavo. *São Paulo*. São Paulo: Laemment & Co., 1895.

LODY, Jorge. *Arquitetura e cidade: obras particulares em São Paulo, 1906-1915*. 2015. Tese (Doutorado) - Faculdade de Arquitetura e Urbanismo, Universidade de São Paulo, São Paulo, 2015.

OLIVEIRA, José Joaquim Machado de. *Geographia da Provincia de S. Paulo: adaptada a lição das escholas e offerecida á Assemblèa Legislativa Provincial*. São Paulo: Typ. Imparcial de J. R. de A. Marques, 1862.

OLIVEIRA, Maria Luiza Ferreira de. *Entre a casa e o armazém: relações sociais e experiência da urbanização. São Paulo, 1850-1900*. São Paulo: Alameda, 2005.

REIS, Philippe Arthur dos. *Construir, morar e viver para além do centro de São Paulo: os setores médios entre a urbanização e as relações sociais do Brás (1870-1915)*. 2017. Dissertação (Mestrado) - Faculdade de Arquitetura e Urbanismo, Universidade de São Paulo: São Paulo, 2017.

REIS, Philippe Arthur dos. Plantas de uma cidade: os projetos e desenhos arquitetônicos como fonte para o historiador. In: *Anais do XIV Encontro Estadual de História – ANPUH/RS 2018*. Pontifícia Universidade Católica do Rio Grande do Sul, Porto Alegre, 2018.

Códigos de obras: legislação e a política sanitária

Renata Geraissati Castro de Almeida

Em fins do século XIX, com a fundação da Sociedade Promotora de Imigração (SPI) e a entrada de milhares de imigrantes, ocorreu uma enorme expansão demográfica no Estado de São Paulo, que pode ser identificada como responsável por diversos problemas sociais, entre eles, as aglomerações urbanas, a falta de moradia e a insalubridade. A população paulista passou de 837. 354, em 1872, para 1.384.753 em 1890, e para 2. 282. 279 em 1900[1]. Maria Alice Rosa Ribeiro propõe que o Estado assumiu a responsabilidade de criar um mercado de trabalho livre, constituindo uma massa de trabalhadores de modo a aumentar a concorrência e consequentemente manter os salários baixos.

Para a autora, a imigração em massa subvencionada pelo governo estadual entre as décadas de 1870 e 1880, ao intentar resolver a crise de mão de obra na economia cafeeira com o fim da escravidão, acabou se tornando um ponto de inflexão para a saúde pública. Ao criar um mercado de trabalho assalariado, o poder público percebeu a necessidade de montar uma infraestrutura institucional para sanar os problemas advindos do grande crescimento populacional.

---

1 RIBEIRO, Maria Alice Rosa. *História sem fim: inventário da saúde pública*. São Paulo: Editora Universidade Estadual Paulista, 1993, p. 7-20.

Em grande medida, o papel central que a salubridade adquiriu no período foi em virtude dos efeitos da falta de saneamento, que ocasionou inúmeras mortes desde o século XIX. A situação precária do saneamento agia diretamente no aumento das epidemias, em especial, daquelas cuja contaminação se dava pelos sistemas de água e esgoto. Tendo em vista a necessidade de mão-de-obra para as lavouras de café e para a indústria nascente, foram efetuadas inúmeras intervenções e mudanças sanitárias em Campinas, Santos e outras cidades, com o objetivo de criar uma boa imagem externa da província.

Um dos primeiros esforços para o estabelecimento dessas políticas ocorreu em 1884, quando foi nomeado o primeiro inspetor de higiene pública, Marcos de Oliveira Arruda. O cargo era exercido sem vencimentos, e funcionou durante os dois primeiros anos no consultório do próprio médico, quando a Inspetoria de Higiene passou a ter sede própria.

Além do inspetor-geral, a instituição era composta por mais dois médicos e um delegado de higiene nas cidades mais importantes da Província naquele período, Santos e Campinas.[2] Ambas possuíam uma grande relevância por suas atividades comerciais e pelo grande contingente populacional que ali habitava. Em 1874, São Paulo possuía 31.385 habitantes, enquanto que Campinas totalizava 31.397; já em 1886, havia 47.697 e 41.253, respectivamente. Apenas em 1900 acontece uma significativa alteração demográfica: a população de São Paulo era estimada em 239.820 habitantes e Campinas em 67.694. Assim, São Paulo foi transformada no centro comercial e financeiro do Estado.[3]

---

2 RIBEIRO, *Op. Cit*, p. 13.

3 CAMARGO, José Francisco de. *Crescimento da população no Estado de São Paulo e seus aspectos econômicos*. São Paulo: IPE, p. 10-25.

Em 1888 houve a criação da Hospedaria de Imigrantes em São Paulo e com ela o problema da superlotação como causadora de uma série de epidemias. Sanear as cidades era necessário para atrair novos imigrantes, principalmente em Santos, cidade portuária, ponto de chegada dessa nova população, além de Campinas, Ribeirão Preto e outros destinos pelo interior do Estado paulista. Após a Proclamação da República, para efetivar seus projetos com relação ao trabalho livre, o Estado contemplou em sua agenda política a saúde coletiva, tornando-a pública.[4] Entre os anos de 1891 e 1893, o Serviço Sanitário foi organizado, sendo subordinado à Secretaria de Estado do Interior. Para sua atuação foram criados um Conselho de Saúde Pública e uma Diretoria de Higiene, que visavam tratar das questões do saneamento básico, do policiamento sanitário e das desinfecções.

Em Campinas, a Lei municipal nº 1, de 12 de Outubro de 1892, estabeleceu a esfera de atuação de cada um dos três intendentes ali existentes, indicando que a cada qual competiria zelar pela execução das leis, posturas, provimentos e demais atos emanados do poder legislativo municipal.[5] Ao Intendente de Higiene e Instrução Pública couberam as medidas concernentes ao tema da salubridade, responsabilizando-o por:

---

4 Andrade mostra que uma comissão médica francesa enviada à Andaluzia para mapear a epidemia ali ocorrida propôs que "A arte de conservar os homens é um ramo essencial da arte de os governar", logo por meio desta passagem verifica-se o caráter político que estava inserido nas ações médicas do período, ocorridas não apenas na Europa, mas também nos outros continentes ao longo dos séculos XVIII e XIX. ANDRADE, Carlos Roberto Monteiro. "Putrid Miasmata": higienismo e engenharia sanitária no século XIX. higienismo e engenharia sanitária no século XIX. *Cadernos de arquitetura,* Bauru - SP, vol. 2, p. 28-39, 2000, p. 28.

5 CAMPINAS (Município). Lei Municipal nº 1, de 12 de outubro de 1892. Cria Poder Executivo Municipal.

a) Estatuir e prescrever todas as medidas que interessar possam à higiene do município, decretando as providências que forem a benefício da salubridade do lugar e da saúde dos munícipes. Reg. no 86, art. 12 §9 let. F.

b) Deliberar de harmonia com a lei municipal as questões sobre limpeza pública, fontes, chafarizes, poços, desobstrução de rios, lavanderias, construção e higiene das habitações, além dos logradouros públicos. Reg. nº 86, art. 2 § 9, let. A.

c) Inspecionar o serviço do matadouro, talhos e açougues, mercado, qualidade dos gêneros de consumo sujeitos a deteriorações, fábrica de bebidas e natureza destas. Let. D, § 9, art. 12, Reg. 86.

d) Determinar o trabalho de desinfecções, examinando o abastecimento de água, serviço de esgotos e irrigações de ruas e praças.

e) Fiscalizar os estabelecimentos hospitalares e de obras pias, serviço de assistência pública, regime do cemitério e enterramentos. Art. 12 § 9, lets. M e N, Reg. no 86.

f) Superintender as fábricas que produzam matérias que possam prejudicar a saúde pública.

g) Estabelecer as lotações de colégios, hotéis, hospedarias e casas particulares.

h) Impor multas aos infratores dos regulamentos e leis de higiene, subscrevendo os autos que serão remetidos a quem de direito. Art. 3 §1, let. J, desta Lei.[6]

Já o Intendente de Obras Públicas e Posturas era responsável por "resolver os negócios referentes a alinhamento, demolição, enumeração de prédios, de ruas e praças, conservação, reparo e pintura de muros, construções de pontes viadutos, servidões,

6 *Idem.*

caminhos, jardins públicos, calçadas e arborização".[7] No exercício de suas funções, estes agentes do poder municipal produziram inúmeros documentos, que segundo a Portaria n° 390 de 09 de março de 1899, deveriam ficar guardados em um arquivo de plantas de construção de casas na Secretaria da Intendência Municipal.[8] Este conjunto documental de valor permanente para administração municipal, atualmente está sob custódia do Arquivo Municipal de Campinas, que preserva toda a documentação produzida e recebida pela Prefeitura Municipal.

Destaca-se por seu potencial informativo relativo aos aspectos do cotidiano da cidade de Campinas a *Série 102*, que é composta majoritariamente por processos administrativos produzidos e acumulados no exercício de concessão de licença pelo poder municipal para construir, reformar ou demolir edificações urbanas e a emissão dos respectivos alvarás, e regularização de edifícios construídos sem licença prévia. Tal atividade esteve a cargo da Intendência Municipal de 1892 a 1908, da Repartição de Obras Municipais de 1906 a 1926, da Repartição de Obras e Viação de 1926 a 1934 e da Diretoria de Obras e Viação de 1934 a 1945.

Nesta análise temos como foco a documentação produzida e acumulada pela Intendência Municipal. Dentre suas incumbências, o pedido de alinhamento das ruas era responsável por grande parte das demandas enviadas pelos proprietários à intendência no período. Em 1893, o proprietário João Candido mencionou que precisava erguer uma nova fachada após o desmoronamento da frente de sua residência na Rua Regente Feijó;[9] já

7 *Idem.*

8 CAMPINAS. Portaria nº 390, de 09 de março de 1899. Determina a criação de um arquivo na secretaria da Intendência Municipal. Livro de Portarias, n° 1, p. 75.

9 Arquivo Municipal de Campinas, Série 102 - *Processos de Licença para Obras Particulares de Edificações,* Notação: 102-1893-11-000011

José Izidoro desejava erguer uma nova fachada na sua moradia na Rua da Misericórdia.[10] Assim, ambos solicitaram ao Intendente de Obras Públicas que realizasse o alinhamento das vias. Após janeiro de 1894, todas as atribuições passaram a se concentrar em um único intendente que cumpriria a função dos três.

Neste mesmo ano foi promulgado o primeiro Código Sanitário Estadual composto por 520 artigos que regulamentavam tanto o espaço público quanto o privado. Até então, este tema era regido pelas normas dos Códigos de Posturas, as quais arrolavam normas sanitárias vagas para as cidades, como a remoção de lixo, limpeza dos quintais, abertura de ruas e estabeleciam padrões para as construções, entre elas, a altura entre chão e teto, a necessidade de janelas em todos os cômodos, e a eliminação de alcovas.[11] Apesar da existência das regulamentações, ao compararmos os projetos submetidos para a aprovação da municipalidade com o que efetivamente foi construído, percebemos que entre o desenho e a realidade, muitas vezes ocorreram divergências que posteriormente passaram a ser alvo de inspeção e fiscalização da Polícia e Higiene das Intendências Municipais.

O Código Sanitário estabeleceu as diretrizes para as ruas e praças, para a construção das habitações em geral, para as habitações coletivas, para os hotéis e pensões, habitações das classes populares, fábricas e oficinas, escolas, teatros, mercados, padarias, açougues e matadouros.[12] Ao propor medidas específicas para a construção destes edifícios com funções distintas, verifi-

---

10 Arquivo Municipal de Campinas, Série 102 - *Processos de Licença para Obras Particulares de Edificações,* Notação: 102-1893-12-000012

11 ANDRADE, *Op. Cit.* p. 30.

12 SÃO PAULO (Estado). Decreto nº 233, de 02 de março de 1894. Estabelece o Código Sanitário. Diário Oficial. São Paulo, SÃO PAULO, 08 mar. 1894, *p.* 9605-9615.

camos que a lei demonstrava que estava em curso uma diversificação nas atividades comercias na cidade.[13]

No *Capítulo II – das habitações em geral*, observam-se recomendações sobre como deveriam ser feitos o abastecimento de água, o serviço de esgotos e a precaução das moléstias. Além de normas pormenorizadas de como o solo deveria ser saneado antes da construção das casas, e protegido da ação dos lençóis freáticos não permitindo a infiltração de umidade. O Código determinou as especificações dos materiais a serem utilizados nas estruturas, na hidráulica, no revestimento e no aparelho sanitário dos edifícios. Em especial causaram impacto nas moradias os seguintes artigos:

> Artigo 38. Na construção das habitações deverão ser empregados materiais sólidos, resistentes, secos, refratários á humidade e maus condutores de calor.
>
> Artigo 39. As paredes externas das habitações particulares deverão ser revestidas de material permeável, devendo ser impermeável o paramento externo.

---

13 O século XIX representou um marco na transformação de uma série de *habitus* sociais, foi criado um novo sentido à palavra "lar", configurando a habitação como um símbolo de distinção social. Walter Benjamin pontua que foi a primeira experiência em que o local de trabalho se contrapunha ao espaço em que vivia o homem privado. "Paris, capital do século XIX". In: *Passagens*. Belo Horizonte: Ed. UFMG. São Paulo: Imprensa Oficial do Estado de São Paulo, 2009, p. 37. Joanna Monteleone aponta que o consumo em São Paulo se transformou após a produção de café inserir o Estado em um novo ritmo do capitalismo mundial e intensificar as trocas comerciais e de circulação de produtos. Para atender essas demandas eram abertos novos comércios, como cafés, confeitarias e restaurantes, lugares para se hospedar, com o surgimento de hotéis, com a ressalva de que estas "novidades" tiveram diferentes ritmos de inserção dentro das distintas classes sociais. *Sabores Urbanos: alimentação, sociabilidade e consumo - São Paulo, 1828-1910*. São Paulo: Alameda, 2015.

> Artigo 43. Os compartimentos do subsolo, ou porões, constituem garantia higiênica para as edificações; mas não deverão servir de habitação.
>
> Artigo 44. O assoalho do andar térreo deve estar separado do solo 50 centímetros, pelo menos.
>
> Artigo 46. As alcovas que se destinarem a dormitórios ou permanência constante dos moradores de um prédio devem ser proibidas em absoluto.
>
> Artigo 47. Não devem ser permitidos nas habitações aposentos de dormir tendo menos de 14 metros cúbicos livres para cada individuo.
>
> Artigo 48. Todos os compartimentos deverão ter, sempre que for possível, aberturas para o exterior, dando para a rua, jardins ou pátios interiores, de modo a receberem luz direta difusa, não devendo ser admissível luz refletida senão excepcionalmente e em aposentos não destinados á permanência continua dos habitantes ou a dormitórios.
>
> Artigo 49. Deverão ser afastados dos dormitórios os compartimentos destinados á instalação das cozinhas.[14]

A passagem do Império para a República foi vista por muitos como um elemento crucial para a mudança nas legislações sobre as habitações. Lemos identifica que a partir de 1890 a legislação interferiu no planejamento de novas residências e no uso, ou habitabilidade, das velhas construções do Império. Para ele:

> Durante todo o nosso tempo de sujeição a Portugal e mesmo na época do Império, a legislação voltada ao controle das edificações urbanas jamais teve a intenção de intervir nas condições de planejamento interno das

14 SÃO PAULO (Estado). Decreto nº 233, de 02 de março de 1894. Estabelece o Código Sanitário. Diário Oficial. São Paulo, SÃO PAULO, 08 mar. 1894, *p.* 9605-9615.

> residências. Era como se houvesse o máximo respeito às decisões pessoais ou ao direito de propriedade - cada um morasse como quisesse ou pudesse.[15]

Entretanto, constata-se que a preocupação com a insalubridade das construções urbanas e das cidades não foi exclusivamente pensada após a proclamação da República e o Código Sanitário de 1894, uma vez que o Código de Posturas já propunha algumas das medidas abordadas acima. Estas regras ofereceram embasamento para alguns historiadores afirmarem que a política sanitária que normatizava as habitações começou nas últimas décadas do Império, com os salubristas da Corte e não apenas após 1889. Apesar de criticar este marco, Campos destaca que havia uma grande diferença entre Império e República na questão administrativa, uma vez que o primeiro dependia das decisões de um governo central e não possuía recursos financeiros o suficiente para fiscalizar as providências emanadas dos Códigos de Posturas.[16]

Valter Martins destaca como essa descentralização foi relevante para as medidas tomadas pela Intendência Municipal para se precaver das epidemias na cidade de Campinas.[17] Em 1892, foi elaborado um plano de saneamento, feito pelo engenheiro Francisco Sales de Oliveira Jr., que incluía o calçamento de ruas, aterramento de poços e fossas e a drenagem de brejos e várzeas dos

15 Carlos Lemos apesar de indicar que a legislação não interferia no espaço interno das casas relata que as plantas eram extremamente semelhantes, não havendo muita distinção na forma de morar entre ricos e pobres, variando apenas a quantidade de cômodos. Isto se dava em decorrência das poucas técnicas construtivas disponíveis no período e as edificações geminadas. *A república ensina a morar (melhor)*. São Paulo: Hucitec, 1999, p. 13-14.

16 CAMPOS, Eudes. Casas e vilas operárias paulistanas. *Informativo Arquivo Histórico Municipal*, 4 (19): jul/ago. 2008.

17 MARTINS, Valter. Cidade-laboratório: Campinas e a febre amarela na aurora republicana. *História, Ciências, Saúde - Manguinhos*, Rio de Janeiro, p. 5.

córregos que cortavam a cidade. Ademais, houve a implantação de um serviço de água e esgoto, melhoria da coleta de lixo e a remoção das cocheiras do centro da cidade. A respeito das últimas há um requerimento de José de Paula Souza de 24 de abril de 1895, informando aos fiscais que no prédio que arrendou de José de Salle Leme, na Rua Francisco Glicério, n° 26, havia encontrado:

> (...) uma cocheira existente há longo tempo, a qual não estando em boas condições higiênicas quer inutiliza-las para construir outra contigua, de acordo com as posturas municipais, vem, portanto, requerer a vol. S. licença afim de proceder as obras necessárias para este fim.[18]

Contudo, obteve como resposta do oficial que ao inspecionar o prédio e a cocheira ali existentes, verificou que as mesmas não estavam em conformidade com a Lei n°5, de 5 de abril de 1892, pois, não havia escoamento para as águas de lavagem. Sendo assim, o intendente Antônio Lobo emitiu o seguinte parecer "a vista da Lei Municipal n°5 de 5 de abril de 1892, artigo 3, não pode ser permitida a construção ou reforma da cocheira- cabendo somente a Câmara alterar a lei".[19]

Além dessas medidas adotadas no espaço público, foram propostas medidas para as residências individuais, a Lei municipal n° 29 de 1894 dispôs que "nenhum prédio poderá ser construído ou reconstruído nos bairros suburbanos e nos do Arraial dos Souzas, Valinhos, Rebouças e outros existentes e que de futuro se formarem, sem que preceda licença do poder executivo municipal, a vista de requerimento do proprietário, empreiteiro

---

18 Arquivo Municipal de Campinas, Série 102 - *Processos de Licença para Obras Particulares de Edificações,* Notação: 102-1895-070-000268.

19 *Idem.*

da obra ou interessado".[20] Portanto, todas as novas construções ou reformas de edifícios já existentes dentro do perímetro urbano deveriam ser aprovadas pelo engenheiro municipal. Para tal, deveriam ser submetidos requerimentos que mencionassem a localização, as dimensões e uma descrição sucinta dos cômodos a serem erguidos. Os regulamentos das Leis n° 41 e 43, respectivamente de 1895 e 1896, representam para Martins, um fator complicador para o ato de construir e reformar na cidade, pois, ao alteraram o Código de Posturas de 1880 quanto a salubridade e edificações urbanas, estabeleceram minuciosas exigências higiênicas e padrões de iluminação difíceis de serem atendidos.[21]

Tal questão foi manejada no requerimento enviado à intendência, em 1º de janeiro de 1893, por parte de José de Camargo Penteado, residente no município de São Carlos do Pinhal, que enviou uma solicitação mencionando que "não tendo podido construir sua cocheira de acordo com a lei municipal n°5 por falta de pessoal idôneo e dificuldade na aquisição de material apropriado no prédio de sua propriedade na Rua do Doutor Aguiar n° 25 nesta cidade, vem pedir-vos o prazo de 60 dias para cumprimento da aquela disposição".[22]

Inúmeros requerimentos mencionam as novas Posturas Municipais como motivo para a necessidade de reformas, como é o caso do pedido de Ferdinand Domingo, de 20 de setembro de 1893, solicitando autorização para transformar duas janelas em

---

20 CAMPINAS (Município). Lei Municipal nº 29, de 11 de janeiro de 1894. Nenhum prédio poderá ser construído ou reconstruído sem que preceda licença do poder executivo municipal.

21 MARTINS, *Op. Cit.*, p. 5.

22 Arquivo Municipal de Campinas, Série 102 - *Processos de Licença para Obras Particulares de Edificações,* Notação: 102. 1893.01.000001.

porta na sua casa Rua Bom Jesus n°5.[23] Já Manoel Mazzuchelli em 3 de janeiro de 1894 solicitou autorização para construir um prédio na Rua Barão de Paranahyba em frente ao depósito de Lidgerwood Limited pertencente ao mesmo requerente.[24]

Em 6 de fevereiro de 1895, Maria Gertrudes, viúva, pobre, analfabeta e com um filho em estado grave de moléstia, solicitou uma licença para reformar uma casa que possuía na Rua Senador Saraiva. A interessada desejava levantar uma parede, trazendo a frente de sua casa para o alinhamento da rua, caso não fosse permitido, iria apenas reconstruir a parede da frente e dos fundos que ameaçavam ruir. Como não possuía recursos próprios, a requerente esperava contar com o apoio financeiro de um terceiro. Tal requerimento obteve a seguinte resposta da Câmara em 28 de fevereiro de 1895:

> Conforme o despacho retro informo que a casa da suplicante está em mau estado de conservação – não só a parede da frente e a do fundo ameaçam ruína, como também o prédio inteiro. A casa é de construção antiga, paredes de pau a pique e taipa; não tem assoalho nem forro – o telhado é de meia água pau roliço – a casa não tem altura e os quartos são escuros, faltam janela e o prédio todo está em um estado deplorável de limpeza. Nestas condições acho não ser possível levantar uma parede na frente (no alinhamento da rua) tanto mais que a requerente quer conservar o telhado de meia agua, proibido pelo Código de Posturas, artigo. 12 e julgo dinheiro perdido conservar o dito rancho.[25]

23 Arquivo Municipal de Campinas, Série 102 - *Processos de Licença para Obras Particulares de Edificações,* Notação: 102-1893-33-000033.

24 Arquivo Municipal de Campinas, Série 102 - *Processos de Licença para Obras Particulares de Edificações,* Notação: 102-1894-001-000041.

25 Arquivo Municipal de Campinas, Série 102 - *Processos de Licença para Obras Particulares de Edificações,* Notação: 102-1895-021-000219.

No conjunto documental dos pedidos de licença enviados à Intendência, identificamos um grande número de solicitações referentes à construção de residências ou a reforma para o aumento das já existentes, a exemplo do requerimento enviado em 14 de outubro de 1893, por Salvador Giraldi ao Intendente Municipal solicitando a construção de mais dois quartos com duas janelas, cumprindo o que os códigos exigiam, em sua casa situada na Rua São Pedro, derrubando o muro do fundo.[26]

Em 31 de julho de 1893 o proprietário Hyppolito Nogueria de Oliveira Valente requereu a construção de uma residência no terreno de sua propriedade, situado na Rua José Paulino esquina a Benjamin Constant, pedido este aprovado em 01 de agosto de 1893. Conforme a planta inclusa na solicitação, o projeto continha um sótão, duas alcovas, três dormitórios, sala de jantar, cozinha, quarto de reuniões e um banheiro. Todos os cômodos contavam com uma abertura para o exterior permitindo sua ventilação.[27]

---

26 Arquivo Municipal de Campinas, Série 102 - *Processos de Licença para Obras Particulares de Edificações,* Notação:: 102-1893-35-000035.

27 Arquivo Municipal de Campinas, Série 102 - *Processos de Licença para Obras Particulares de Edificações,* Notação: 102-1893-31-000031.

Figura 1. Planta Rua José Paulino.
Fonte: AMC; 102-1893-31-000031

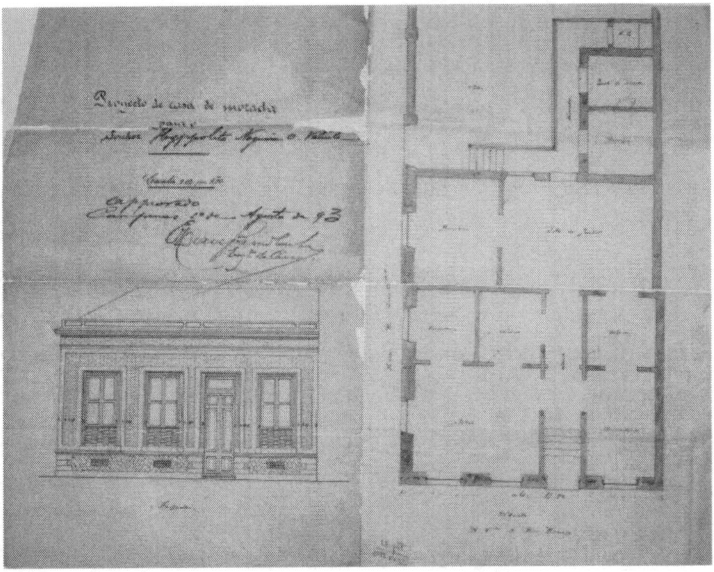

A grande efervescência de pedidos referentes à residências nos remete ao déficit habitacional gerado pelo aumento populacional que tornou construir moradias um negócio rentável. Nas décadas finais do século XIX, o ritmo da construção civil se intensificou, tornando-se uma importante fonte de acumulação: expandiram-se as atividades industriais e comerciais ligadas à construção física da cidade, à expansão dos prédios, ao calçamento de ruas e à urbanização de bairros. Pelo menos até a década de 1930, a construção de casas de aluguel, de diversos tipos e tamanhos, era vista como uma forma de investimento de retorno certo e seguro, pois, além de uma renda mensal, o investidor contava com a excepcional valorização imobiliária ocasionada pela expansão da cidade.

As atividades envolvendo bens imobiliários atraíram investidores de inúmeros portes, pequenos comerciantes e grandes capitalistas, se tornaram responsáveis pela construção de bairros inteiros e pela fundação de sociedades anônimas. Raquel Rolnik destaca que este processo não diz respeito apenas à expansão do número de construções, mas, sobretudo, trata da transformação das relações econômicas entre proprietários e locatários e o surgimento da figura do empreendedor imobiliário, um "capitalista", segundo termos da época.[28]

Em 19 de fevereiro de 1895, a Empreza Constructora requereu a aprovação das plantas para a construção de seis prédios nos seus terrenos, nos lotes 2, 8, 9, 46 e 47, tendo os primeiros frente à Rua Santa Cruz e os dois seguintes a Rua Nova Roma.[29]

O conjunto documental contêm outras edificações que demonstram aspectos da sociabilidade do período como, igrejas, clubes e associações. Entre eles se destacam o projeto de 19 de setembro de 1901, quando houve o pedido efetuado pelo engenheiro-arquiteto Antônio Raffin para aumento de sala de concertos do Club Campineiro, na Rua Barão de Jaguaré. O projeto previa a construção de sala de jogos, de leitura, bilhares, sala de concertos, sala de espera, banheiros, botequim, cozinha entre outros espaços a serem construídos.[30]

28 ROLNIK, Raquel. *A cidade e a lei*. Legislação, política urbana e territórios na cidade de São Paulo. São Paulo: FAPESP/Studio Nobel, 1997, p. 104.

29 Arquivo Municipal de Campinas, Série 102 - *Processos de Licença para Obras Particulares de Edificações*, Notação: 102-1895-029-000227.

30 Arquivo Municipal de Campinas, Série 102 - *Processos de Licença para Obras Particulares de Edificações*, Notação: 102-1901-397-001730.

Figura 2. Planta Rua Barão de Jaguaré.

Fonte: AMC; 102-1901-397-001730

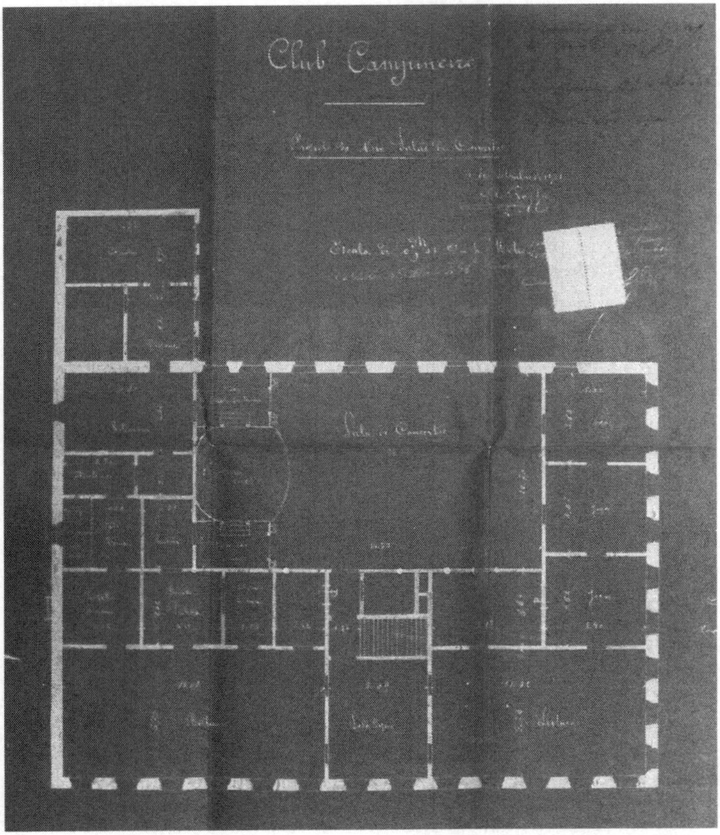

Em 24 de janeiro de 1901, Adolpho Rodrigues enviou uma solicitação de licença para a construção de uma casa conforme a planta abaixo (Figura 3), propriedade da Igreja do Rosário na Rua Campos Salles, nos fundos da igreja.[31] O projeto era composto por um jardim central rodeado por quatro quartos, despensa,

31 Arquivo Municipal de Campinas, Série 102 - *Processos de Licença para Obras Particulares de Edificações,* Notação: 102-1901-048-001537.

cozinha, refeitório, sala, gabinete, oficina e banheiro. Já no piso superior eram doze quartos, um banheiro e uma biblioteca.

Figura 3. Planta Rua Campos Salles.

Fonte: AMC; 102-1901-048-001537

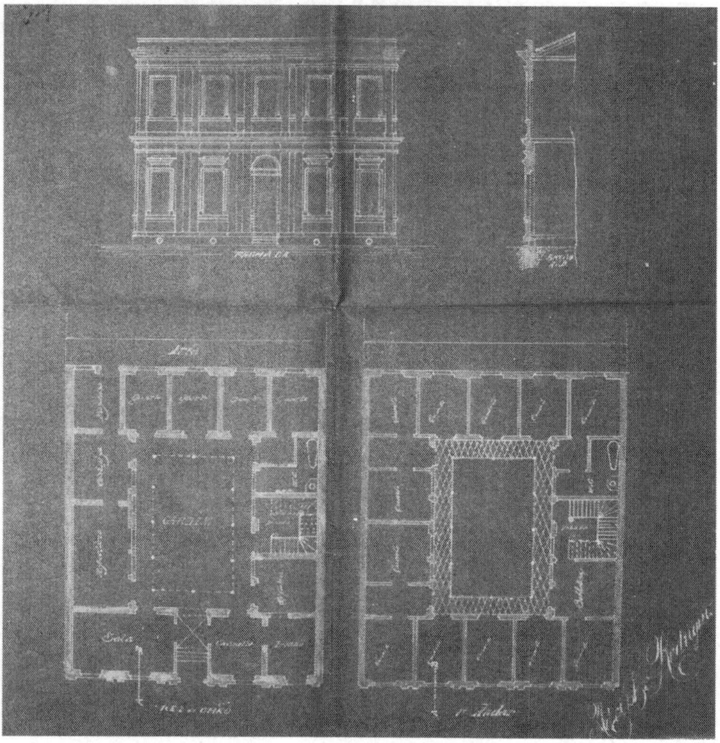

Ademais, havia edificações empresariais que atendiam ao comércio, à indústria e ao setor de serviços. Um destes exemplos é o requerimento de Henrique de Barcellos em 22 de agosto de 1892

> (...) o abaixo assinado, em virtude do artigo 2 das novas posturas municipais, vem solicitar dessa ilustríssima Intendência autorização para construir um pretório do lado da rua 13 de Maio do Teatro São Carlos, com

> o fim de ter uma nova saída coberta e estabelecer um pequeno botequim.[32]

Em resposta à solicitação, o engenheiro da Câmara emitiu um parecer que foi deferido pelo Intendente Antônio Lobo no mesmo dia relatando:

> Em cumprimento do despacho informo que os terrenos laterais do Teatro São Carlos foram cedidos pela Câmara à respectiva associação em 31 de maio de 1886 (digo 21 de junho de 1886). A planta apresentada pelo peticionário deve ser modificada. Conforme está indicada na planta junta afim de não se dar a infração do artigo 12 do Código de Posturas. Sendo o teatro um edifício situado no centro da cidade torna-se necessário que o trabalho que se pretende realizar na parte da Rua 13 de maio seja feito também do outro lado do edifício, afim de se conservar a precisa simetria. Deste modo somente tornar-se-á a projetada obra um melhoramento para o dito edifício. Campinas, 16 de setembro de 1893.[33]

32 Arquivo Municipal de Campinas, Série 102 - *Processos de Licença para Obras Particulares de Edificações*, Notação: 102-1893-32-000032.

33 Arquivo Municipal de Campinas, Série 102 - *Processos de Licença para Obras Particulares de Edificações*, Notação: 102-1893-32-000032.

Figura 4. Plantas Rua 13 de Maio.
Fonte: AMC; 102-1893-32-000032

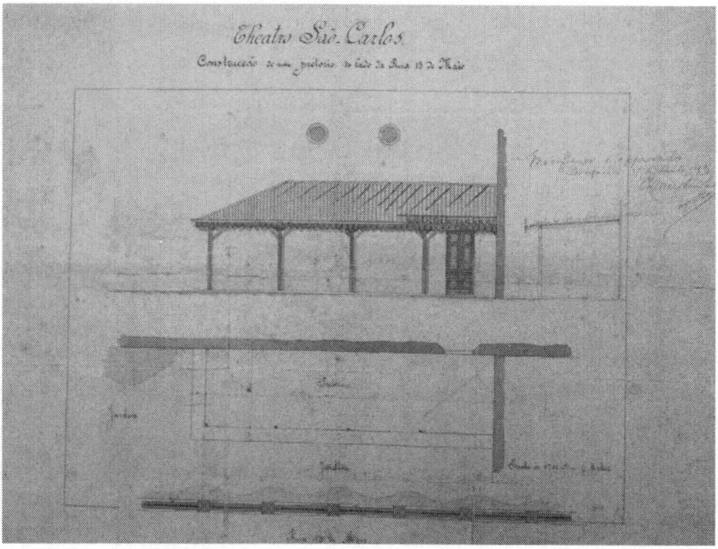

O conjunto documental contido na *Série 102* abrange um período de profundas transformações urbanísticas transcorridas em Campinas entre o final do século XIX e início do XX, indicando sua relevância para a história, memória e patrimônio da cidade. Inúmeros destes imóveis ainda permanecem na paisagem urbana, e sua documentação pode servir de subsídio para seus proprietários, além de serem fontes para estudos do processo de urbanização.

A documentação demonstra que os trâmites que envolvem a concessão de uma licença para a construção dos projetos arquitetônicos, é permeado por embates e negociação de diversos agentes, entre eles, os funcionários da municipalidade, os proprietários de imóveis, os construtores e os engenheiros-arquitetos. Constatamos também como as leis e códigos surgiram para responder a práticas e hábitos que faziam parte do cotidiano, e que em virtude de questões salubres tiveram de ser suprimidos, enfrentando resistência por parte da população. Ademais, ela descortina uma composição social heterogênea entre os moradores da cidade, mostrando pessoas de diversas classes sociais entre os requerentes dos processos, desde mulheres viúvas pobres a obras do arquiteto Francisco de Paula Ramos de Azevedo.

O dinamismo da ocupação da cidade se evidencia no pedido de licença para a construção de prédios de diversas funções, como clubes, igrejas, comércios, armazéns, indústrias, escolas, centro culturais, teatros, hospitais e moradias. Tal processo denota que as edificações são mais que técnicas e materiais construtivos, pois possuem inúmeras "histórias" que representam as necessidades de um determinado período, demonstrando a importância que é para o presente estudar o passado das cidades, tanto para restituir o atual ambiente urbano de significado e experiências, quanto para fazer com que cenários da vida passada não caiam no esquecimento.

Referências Bibliográficas

ANDRADE, Carlos Roberto Monteiro. "Putrid Miasmata": higienismo e engenharia sanitária no século XIX. higienismo e engenharia sanitária no século XIX. *Cadernos de arquitetura,* Bauru - SP, vol. 2, p. 28-39, 2000.

BENJAMIN, Walter. *Passagens.* Belo Horizonte: Ed. UFMG. São Paulo: Imprensa Oficial do Estado de São Paulo, 2009.

CAMARGO, José Francisco de. Crescimento da população no Estado de São Paulo e seus aspectos econômicos. São Paulo: IPE, 1981.

CAMPINAS (Município). Lei Municipal nº 1, de 12 de outubro de 1892. Cria Poder Executivo Municipal.

CAMPINAS (Município). Lei Municipal nº 29, de 11 de janeiro de 1894. Nenhum prédio poderá ser construído ou reconstruído sem que preceda licença do poder executivo municipal.

CAMPINAS (Município). Portaria nº 390, de 09 de março de 1899. Determina a criação de um arquivo na secretaria da Intendência Municipal. Livro de Portarias, n° 1, *p*. 75.

CAMPOS, Eudes. *Casas e vilas operárias paulistanas*. Informativo Arquivo Histórico Municipal, 4 (19): jul/ago. 2008.

LEMOS, Carlos. *A república ensina a morar (melhor)*. São Paulo: Hucitec, 1999.

MARTINS, Valter. Cidade-laboratório: Campinas e a febre amarela na aurora republicana. *História, Ciências, Saúde – Manguinhos*, Rio de Janeiro, v.22, nº2, abr.-jun. 2015, *p*. 507-524..

MONTELEONE, Joana. *Sabores Urbanos: alimentação, sociabilidade e consumo - São Paulo, 1828-1910*. São Paulo: Alameda Editorial, 2015.

RIBEIRO, Maria Alice Rosa. *História sem fim: inventário da saúde pública*. São Paulo: Editora Universidade Estadual Paulista, 1993.

ROLNIK, Raquel. *A cidade e a lei. Legislação, política urbana e territórios na cidade de São Paulo*. São Paulo: FAPESP/Studio Nobel, 1997.

SÃO PAULO (Estado). Decreto nº 233, de 02 de março de 1894. Estabelece o Código Sanitário. Diário Oficial. São Paulo, SÃO PAULO, 08 mar. 1894. *p*. 9605-9615.

Sobre os autores

Alessandra França Barbosa

Historiadora graduada pela Universidade de São Paulo (2007), mestre (2017) pela mesma universidade. Conservadora do Centro de Memória da Universidade Estadual de Campinas (CMU).
E-mail: aleafb@unicamp.br

Ana Célia Rodrigues

Historiadora graduada pelo Instituto Superior de Ciências, Letras e Artes de Três Corações (1988), mestre (2003) e doutora (2008) pela Universidade de São Paulo. Pós-Doutorado pela Universidade de São Paulo (2015) e pela *Universidad Carlos III de Madrid*, Espanha (2013-2014). Docente do Departamento de Ciência da Informação e coordenadora do Programa de Pós-Graduação em Ciência da Informação da Universidade Federal Fluminense.
E-mail: anyrodrigues@yahoo.com.br

Ana Maria de Almeida Camargo

Professora sênior do Departamento de História da Faculdade de Filosofia, Letras e Ciências Humanas da Universidade de São Paulo.
E-mail: amcamar22@gmail.com

Ana Paula Farah

Arquiteta e urbanista formada pela Pontifícia Universidade Católica de Campinas - PUCCAMP (1996) e pela *Universi-*

tà degli Studi di Ferrara - (UNIFE), Itália (2005). Especialista em Restauro Arquitetônico pela PUCCAMP (1999) e PUCPR (2006). Mestre pela Escola de Engenharia de São Carlos - USP (2003) e doutora pela Faculdade de Arquitetura e Urbanismo - USP (2012). Docente da Faculdade de Arquitetura e Urbanismo e do Programa de Pós Graduação Stricto Sensu em Arquitetura e Urbanismo na Pontifícia Universidade Católica de Campinas - PUCCAMP. É Membro do Conselho Internacional de Monumentos e Sítios (ICOMOS-BR).
E-mail: ana.farah@puc-campinas.edu.br

Antonio Carlos Galdino

Linguista pela Universidade Estadual de Campinas (1987), mestre em Ciência Política (1994) e doutor em História (2006) pela mesma universidade. É servidor público da Prefeitura Municipal de Campinas, onde atua como coordenador do Arquivo Municipal de Campinas.
E-mail: acgaldino@gmail.com

Caroline Menegon Albino

Historiadora graduada pela Universidade de São Paulo (2017), mestranda na mesma universidade.
E-mail: carolinemalbino@gmail.com

Lindener Pareto Jr

Historiador graduado pela Universidade de São Paulo (2006), mestre (2011) e doutor (2016) pela Faculdade de Arquitetura e Urbanismo - USP. Docente da Pontifícia Universidade Católica de Campinas – PUC/Campinas e pesquisador de Pós-Doutorado, na Universidade Estadual de Campinas (Unicamp). Membro do grupo de pesquisa Políticas de Memória, Arte e Patrimônio.
E-mail: lindenerpareto@gmail.com.

Philippe Arthur dos Reis

Historiador graduado pela Universidade Federal de São Paulo (2013) e mestre (2017) pela Faculdade de Arquitetura e Urbanismo – USP. É doutorando em História pela Universidade Estadual de Campinas (São Paulo - Brasil). Membro do Centro Interdisciplinar de Estudos sobre Cidade (CIEC) e do grupo Cidades, Arquitetura e Preservação em Perspectiva Histórica (CAPPH).
E-mail: philippearthur@hotmail.com

Renata Geraissati Castro de Almeida

Historiadora graduada pela Universidade Federal de São Paulo (2013) e mestre pela mesma universidade (2016). É doutoranda em História pela Universidade Estadual de Campinas (São Paulo - Brasil). Membro do Centro Interdisciplinar de Estudos sobre Cidade (CIEC) e do grupo Cidades, Arquitetura e Preservação em Perspectiva Histórica (CAPPH).
E-mail: rgeraissati@gmail.com

Renato de Mattos

Historiador graduado pela Universidade de São Paulo (2006), mestre (2009) e doutor (2015) pela mesma universidade. Docente do Departamento de Ciência da Informação da Universidade Federal Fluminense. Atualmente é vice coordenador do curso de graduação em Arquivologia e do curso de Especialização em Organização, Planejamento e Direção de Arquivos (ESPPARQ) da mesma universidade.
E-mail: renato_mattos@id.uff.br

Rita de Cássia Francisco

Arquiteta graduada pela Universidade de São Paulo (2001), especialista em Gestão do Patrimônio Cultural (CECI - UFPE, 2006), mestre (2007) e doutora (2013) em Arquitetura e do Ur-

banismo pela USP. É servidora pública da Prefeitura Municipal de Campinas, onde atua como especialista na Coordenadoria Setorial de Arquivo Municipal.
E-mail: ritacfrancisco@gmail.com

Apoio:

SÃO PAULO
GOVERNO DO ESTADO
Secretaria de Cultura e Economia Criativa

PROAC
PROGRAMA DE AÇÃO CULTURAL
SÃO PAULO

arquivo municipal de campinas

Alameda nas redes sociais:

Site: www.alamedaeditorial.com.br
Facebook.com/alamedaeditorial/
Twitter.com/editoraalameda
Instagram.com/editora_alameda/

Esta obra foi impressa em São Paulo na primavera de 2019. No texto foi utilizada a fonte Minion Pro em corpo 10,5 e entrelinha de 15,5 pontos.